Este pequeñ
documento legal
Estados Unidos.

La Constitución es sin duda el documento legal más influyente en existencia. Desde su creación hace unos doscientos años, más de cien países del mundo entero la han tomado como modelo para sus propias constituciones.

Y es un documento plenamente vigente. Es una de las constituciones en vigencia más antiguas del mundo. Y aunque la Corte Suprema constantemente interpreta la Constitución a la luz de los vertiginosos cambios del mundo actual, sus premisas básicas han permanecido prácticamente inalteradas desde su creación, y tampoco han sido impugnadas. Las personas discuten sobre su interpretación, pero nunca ponen en duda la sabiduría de sus principios fundamentales. ¡Imagine crear un documento por el cual se rijan los nietos de sus nietos de sus nietos! Eso es lo que hicieron los asistentes a la Convención Constitucional de 1787.

Es por ello que grandes personas han dedicado la vida entera a estudiar la Constitución. Este pequeño libro lo ayudará a comprender por qué. Podrá conocer alguna de las ideas de los Padres Fundadores. Conocerá parte del razonamiento detrás de las decisiones históricas de la Corte Suprema. Pero más importante aún, llegará a apreciar la Constitución y a saber cómo es que un documento escrito hace 200 años aún cumple un rol fundamental en nuestras vidas.

las de
oso de

LA CONSTITUCIÓN
DE LOS ESTADOS UNIDOS
e información fascinante al respecto

Texto suplementario por
Terry L. Jordan

EDICIÓN EN ESPAÑOL
Primera impresión

La editorial desea agradecer a Anita Richardson y Charlie White de la Asociación de Abogados de los Estados Unidos por sus contribuciones a la sección sobre la Corte Suprema de este libro.

ISBN 1-891743-03-1

Número de catálogo de la Biblioteca del Congreso de los Estados Unidos: 2005935304

Publicado por: Oak Hill Publishing Company
                 Box 6473, Naperville, IL 60567, EE.UU.

Impreso en los Estados Unidos de América

Para obtener ejemplares individuales de este libro:
Visite su librería más cercana o el sitio web www.ConstitutionFacts.com

Para ventas al por mayor, a granel, a organismos gubernamentales, empresariales o educativos:
Llame al 1-800-887-6661 (Atención en inglés solamente)

www.ConstitutionFacts.com

TABLA DE MATERIAS

LA CONSTITUCIÓN DE LOS ESTADOS UNIDOS

LA DECLARACIÓN DE INDEPENDENCIA

LOS ARTÍCULOS DE CONFEDERACIÓN

LA CORTE SUPREMA

LOS PADRES FUNDADORES

La Constitución de los Estados Unidos reunió, en un único y excepcional documento, ideas de muchas personas y de diversos documentos existentes, incluyendo los Artículos de Confederación y la Declaración de Independencia. Las personas que hicieron contribuciones intelectuales significativas a la Constitución se conocen como los "Padres Fundadores" (en inglés "Founding Fathers") de nuestro país.

Muchos de los Padres Fundadores asistieron a la Convención Constitucional, en la que se labró y ratificó la Constitución. George Washington, por ejemplo, presidió la Convención y James Madison redactó el documento que estableció el modelo para la Constitución.

Otros Padres Fundadores no estuvieron presentes, pero realizaron contribuciones importantes de otras formas. Thomas Jefferson, quien redactó la Declaración de Independencia, estaba en Francia sirviendo de embajador al momento de la Convención. Se mantuvo informado sobre los acontecimiento en Filadelfia mediante correspondencia con James Madison. John Adams, como embajador ante Gran Bretaña escribió la "Defensa de la Constitución del Gobierno de los Estados Unidos de América". Thomas Paine escribió el influyente folleto "Sentido común", que marcó de sobremanera la filosofía reflejada en la Declaración de Independencia. ¡Uno de los Padres Fundadores, Patrick Henry, se opuso inicialmente a la mera idea de la Constitución! Quería conservar los Artículos de Confederación, el documento antecesor de la Constitución. Sin embargo, cuando se llegó al acuerdo de añadir una "declaración de derechos fundamentales" a la Constitución, Patrick Henry trabajó afanosamente a favor de su ratificación.

En las siguientes secciones de este libro se usará el término "Padres Fundadores" para describir a personas que tuvieron un impacto significativo en la Constitución ya sea de forma directa o indirecta. La lista no es en absoluto excluyente, pero sí identifica a personas que contribuyeron de manera importante al desarrollo de la Constitución en este crucial período de la historia estadounidense.

INFORMACIÓN FASCINANTE
SOBRE SEIS PADRES FUNDADORES

GEORGE WASHINGTON (1732-1799)

Cargo político más alto: Presidente (1789-1797)

Otros logros: Dirigió a las fuerzas coloniales en la Guerra Revolucionaria.

Los sobrios retratos de George Washington reflejan la personalidad del padre de la nación. Fue un hombre de pocas palabras, cuyo ascenso político se debió más a la fuerza de su carácter que a su intelecto.

Un hombre grande para su época, Washington medía 6 pies y $3^1/_2$ pulg. (1.92 m) de altura y tenía manos enormes. Washington tenía la piel marcada con cicatrices debido a un caso de viruela en la adolescencia, y una disposición tímida debido a una madre dominante. Dos veces le propuso matrimonio a mujeres y fue rechazado. Finalmente se casó con Martha Custis, la viuda más rica de Virginia.

Había perdido prácticamente todos sus dientes para cuando fue presidente, por lo que sus mejillas sumamente hundidas eran rellenadas con algodón para los retratos. ¡Contrario a la creencia popular, George Washington nunca tuvo dientes de madera! Sus dientes eran principalmente de plomo con dientes humanos, de vacuno e hipopótamo. Algunos eran tallados de colmillos de elefante y morsa.

En su testamento, dejó estipulada la liberación permanente de todos sus 300 esclavos. Según los historiadores, lo más probable es que la leyenda popular sobre Washington y el cerezo no sea cierta.

Sus creencias políticas: Washington era un Federalista, por lo tanto estaba a favor de un gobierno central fuerte. También tenía gran afinidad con la aristocracia. Durante la Convención Constitucional, pasó gran parte del tiempo en la mansión de Robert Morris, el hombre más rico de los Estados Unidos. Su aliado político más cercano fue Alexander Hamilton, cuyas políticas invariablemente se inclinaban hacia las clases dominantes.

Washington fue el único presidente en ser elegido en forma unánime (recibió todos los votos emitidos) por el colegio electoral. Esto sucedió dos veces.

En su cargo, el mayor aporte de Washington a la nación fue mantener la estabilidad del gobierno. Promovió una fuerte defensa nacional y mantuvo al país fuera de la creciente tensión entre Inglaterra y Francia.

Debido a problemas de salud, Washington intentó dejar la presidencia después de su primer período. Sin embargo, personeros de ambos bandos políticos le rogaron que permaneciera en el cargo, por lo que continuó. Su segundo discurso inaugural puede ser indicativo del entusiasmo con que asumió su segundo período. Con tan sólo 133 palabras, es el discurso inaugural más corto de la historia.

Camarada más cercano entre los Padres Fundadores: Alexander Hamilton

Lo que dijo: "El gobierno no es razón, no es elocuencia... ¡Es una fuerza! Como el fuego, es un sirviente peligroso y un maestro a temer; nunca ni por un momento debe dejarse que actúe en forma irresponsable".

JAMES MADISON (1751-1836)

Cargo político más alto: Presidente (1809-1817)

Otros logros: Ayudó a redactar la constitución estatal de Virginia cuando tenía 25 años de edad. La constitución de Virginia sirvió como modelo para la Constitución de los Estados Unidos. Fue Secretario de Estado de Jefferson.

Madison era un hombre afable y diminuto; medía alrededor de 5 pies y 4 pulg. (1.62 m) y pesaba menos de 100 libras (45 kg). Incluso su apodo era diminutivo: "Jemmy". Como era demasiado pequeño para combatir en el Guerra Revolucionaria se volcó a la política.

Madison, "el Padre de la Constitución" (el documento legal más importante de la historia moderna), nunca recibió el título de abogado.

Incluso a los cuarenta años, Madison era un hombre solitario y soltero. Eso cambió cuando Aaron Burr le presentó a Dolley Todd. La pareja se casó cuando Madison tenía 43 años y nunca tuvieron hijos.

Dolley Madison ganó un lugar en la historia al huir de la Casa Blanca llevando consigo documentos gubernamentales cruciales y un retrato de George Washington, cuando los Británicos invadieron la capital durante la Guerra de 1812.

Madison sobrevivió a todos los demás Padres Fundadores. Falleció a la edad de ochenta y cinco años en junio de 1836.

Sus creencias políticas: Su presidencia fue empañada por la Guerra de 1812; la única guerra en la que fuerzas enemigas han invadido territorio estadounidense. La guerra fue precipitada por el sentimiento generalizado de que el destino de los Estados Unidos era conquistar Canadá, entonces un territorio británico.

Aparte de la guerra que casi le costó la reelección, los dos períodos de Madison también fueron memorables por el hecho de que sus dos vicepresidentes fallecieron mientras desempeñaban sus cargos.

Camarada más cercano entre los Padres Fundadores: Jefferson y Madison fueron amigos cercanos durante todas sus vidas: Madison fue el protegido de Jefferson. Después de sus presidencias, cada uno pasaba muchos días en la hacienda del otro. Jefferson nombró uno de los dormitorios en Monticello como "La habitación del Sr. Madison".

Lo que dijo: Sobre la Guerra de 1812: "Avancé hacia el frente con la bandera del país, seguro de que el pueblo avanzaría para defenderla".

Bajo la nueva Constitución, los poderes de la nación "derivarán del poder superior del pueblo".

THOMAS JEFFERSON (1743-1826)

Cargo político más alto: Presidente (1801-1809)

Otros logros: Redactó la Declaración de Independencia y sirvió como Ministro ante Francia (un cargo político crucial, equivalente a embajador) cuando se estaba redactando la Constitución.

A Jefferson lo apodaron "Tom el Largo" (en inglés "Long Tom") debido a que medía 6 pies y $2^1/2$ pulg. (1.89 m) de altura y tenía piernas largas y delgadas. Su pelo de color rojo zanahoria empalideció con la edad. Jefferson tocaba el violín y conquistó a su esposa dándole serenatas. Jefferson desdeñó las vestimentas de la nobleza, y a veces prefería vestir ropa sucia y harapienta. Aunque su esposa falleció a la edad de 33 años, Jefferson nunca se volvió a casar. Sin embargo se cree que tuvo cinco hijos con Sally Hemings, una de sus esclavas. Jefferson sufrió de migrañas durante toda su vida, y se lavaba los pies en agua fría diariamente para evitar los resfríos. Era el prototipo del hombre renacentista y se lo ha descrito como: abogado, lingüista, diplomático, astrónomo, naturalista, filósofo de la política, educador, estadista, presidente, granjero, músico, científico, inventor, agricultor, jinete, geógrafo, teólogo y paleontólogo. Jefferson hablaba fluidamente griego, latín, español, italiano y alemán. Creía en la igualdad de derechos y educación para las mujeres, en el derecho a que todos recibieran educación pública gratuita, en un sistema de bibliotecas gratuito, y en la creación de un sistema de pesos y medidas decimales. También se lo considera uno de los principales arquitectos en la historia de los Estados Unidos.

Sus creencias políticas: Jefferson era Republicano, que en esa época era el partido de las personas comunes. Soñaba con un país basado en la agricultura, no la industria. El nombre formal del Partido "Republicano" era Partido Democrático-Republicano del cual evolucionó el actual Partido Demócrata (el Partido Republicano de la actualidad se creó en 1854 al fusionarse los Demócratas antiesclavistas, el Partido del Suelo Libre, y facciones del Partido Whig). El nombre formal del partido opositor (dirigido por Alexander Hamilton) era Partido Federalista.

Jefferson tenía fama de ser un pésimo orador debido a un defecto del habla, pero es considerado uno de los escritores más dotados en ocupar la presidencia. Él redactó sin ayuda el primer borrador de la Declaración de Independencia.

Duplicó el tamaño de los Estados Unidos cuando compró el territorio de Louisiana a Napoleón. Napoleón necesitaba dinero para conquistar Europa; Jefferson quería el territorio para evitar una futura invasión de Francia y promover su visión de que Estados Unidos fuera un país de pequeños granjeros independientes. El precio de venta: $15 millones.

Después de sus dos períodos como presidente, Jefferson se retiró a su hacienda en Virginia, Monticello. Dedicó gran parte de su tiempo a cumplir su sueño de fundar una universidad. Su sueño se hizo realidad cuando fundó la Universidad de Virginia.

Camarada más cercano entre los Padres Fundadores: Aunque su amigo más cercano entre los Padres Fundadores fue James Madison, la amistad más memorable de Jefferson fue la que sostuvo con John Adams. La amistad se forjó cuando ambos trabajaron en el comité encargado de la Declaración de Independencia. Sin embargo, su amistad se transformó en una agria rivalidad cuando se unieron a partidos políticos opuestos. Se reconciliaron después de que ambos concluyeran sus respectivas presidencias y mantuvieron una fluida comunicación por correspondencia. Ambos fallecieron el 4 de julio de 1826; 50 años después del día en que se firmara la Declaración de Independencia. El día en que falleció, Adams abrió los ojos y susurró sus últimas palabras: "Thomas Jefferson vive". Jefferson había fallecido más temprano ese mismo día.

Lo que dijo: "Un poco de rebelión de vez en cuando es algo bueno". "La ciencia es mi pasión, la política mi deber".

JOHN ADAMS (1735-1826)

Cargo político más alto: Presidente (1797-1801)

Otros logros: Primer vicepresidente. Ayudó a redactar la Declaración de Independencia y a negociar el acuerdo de paz con Gran Bretaña para poner fin a la Guerra Revolucionaria. Fue Ministro ante Gran Bretaña.

Apodado "Atlas de la Independencia Estadounidense", John Adams era un hombre bajo (5 pies y 7 pulg. o 1.70 m) y regordete con un ego tan grande como su cintura. Como pensaba que no estaba a su altura saludar estrechando la mano a las personas, hacía una reverencia. Adams no era el único que tenía esta costumbre. George Washington también prefería hacer una reverencia en vez de dar la mano.

Nacido y criado en lo que ahora es Quincy, Massachusetts, Adams fue abogado de profesión. Fue el primer presidente en ocupar la Casa Blanca. Durante su administración se trasladó la capital de Filadelfia a Washington, D.C.

Sus creencias políticas: Adams fue Federalista, y como tal, tenía una visión más elitista del gobierno que sus rivales Republicanos.

Como el primer presidente realmente centrado en la defensa, Adams fortaleció la Marina de los Estados Unidos para que pudiera competir con la de cualquiera nación.

Probablemente su legado político más perdurable fue el nombramiento de John Marshall como Presidente de la Corte Suprema; el más infame, haber firmado las "Leyes de Extranjería y Sedición", las que hicieron que fuera delito criticar al gobierno (falta por la que los infractores podían ser encarcelados).

Lo que más enorgullecía a Adams fue haber evitado la guerra con Francia a finales del siglo a pesar de una fuerte opinión pública en favor de la guerra. Esto, junto con su gasto en defensa considerado excesivo, lo llevó a perder la reelección.

Camarada más cercano entre los Padres Fundadores: Thomas Jefferson fue tanto su camarada más cercano como su más encarnecido adversario político. Terminaron sus vidas como amigos, muriendo el mismo día, 50 años después de haber firmado la Declaración de Independencia. (Véase la información fascinante sobre Thomas Jefferson.)

Lo que dijo: "Liberen la mente humana. Debe ser liberada. Será liberada. La superstición y el despotismo no pueden confinarla".

BENJAMIN FRANKLIN (1706-1790)

Cargo político más alto: Ministro ante Francia

Otros logros: Franklin fue uno de los tres estadounidenses que firmaron el tratado de paz con Inglaterra que puso fin a la Guerra Revolucionaria. También ayudó a redactar la Declaración de Independencia y fue el delegado de mayor edad en la Convención Constitucional.

De todos los Padres Fundadores, Franklin fue sin duda el personaje más peculiar. Ganó suficiente dinero con su editorial, principalmente gracias a la publicación del Almanaque del Pobre Richard, para jubilarse a los 42 años de edad. Luego dedicó el resto de su vida a la escritura, la ciencia y la política.

Entre sus muchos inventos, Franklin inventó los anteojos bifocales. Lo hizo porque no le gustaba tener que llevar consigo dos pares de anteojos.

Franklin tuvo un hijo ilegítimo, William, que fue gobernador de Nueva Jersey. William apoyó a los británicos durante la Revolución, lo que causó el distanciamiento permanente entre padre e hijo.

Sus creencias políticas: El activismo político de Franklin había alcanzado su cima mucho antes de que el sistema de partidos políticos de los Estados Unidos se desarrollara totalmente, pero filosóficamente era más cercano al partido Democrático-Republicano.

Sospechaba de los gobiernos centrales y los gobernantes fuertes, ya fueran reyes o presidentes. De hecho, Franklin propuso un comité presidencial compuesto por tres personas en vez de tener un solo presidente. Sobre la propuesta de contar con un solo presidente, afirmó: "Es probable que el gobierno sea bien administrado por un tiempo, pero a la larga terminará en despotismo". A pesar de ello, en su testamento, Franklin le dejó su bastón al Presidente Washington.

Franklin tenía una mente inquieta e inquisitiva. Desdeñaba los patrones de trabajo normales, prefiriendo fijar su propio ritmo e ignorar los compromisos si estaba suficientemente interesado en una conversación. También tenía la biblioteca privada más grande de los Estados Unidos.

No todas sus ideas fueron aceptadas. Un ejemplo: Franklin propuso que el pavo fuera el ave nacional.

Camarada más cercano entre los Padres Fundadores: Thomas Jefferson. Cuando Franklin falleció, Jefferson le imploró al Presidente Washington que decretara un día de luto. Washington se negó para no crear un precedente.

Lo que dijo: "Nuestra Constitución ya está en funciones. Todo parece prometer que durará. Pero en este mundo no hay nada seguro excepto la muerte y los impuestos". Al finalizar la Convención Constitucional Franklin observó el símbolo del sol en la parte superior de la silla de George Washington y dijo: "Tengo la felicidad de saber que es un sol naciente y no poniente".

ALEXANDER HAMILTON (1755-1804)

Cargo político más alto: Ministro de Hacienda

Otros logros: Junto con Madison y John Jay, fue autor de los "Documentos Federalistas", que concitaron apoyo para la nueva Constitución. Encabezó los esfuerzos por convocar la Convención Constitucional cuando la nación estaba al borde de la anarquía.

Hamilton convocó a una reunión de los 13 estados en Annapolis, Maryland, en septiembre de 1786 para analizar la situación económica del país en ese momento. Sin embargo, sólo cinco estados enviaron representantes. No hubo suficiente quórum y la conferencia careció de autoridad real. Pero sin ser perturbado por ello, Hamilton solicitó permiso al Congreso de la Confederación (según los Artículos de Confederación) para invitar a representantes de los trece estados a reunirse en Filadelfia con el propósito expreso de "modificar" los Artículos de Confederación. Con la excepción de Rhode Island, todos los estados enviaron representantes. A puertas cerradas y sin autoridad real, los delegados decidieron redactar una constitución totalmente nueva.

A Hamilton lo consumía su pasión por construir una nación basada en un gobierno central fuerte y fiscalmente estable. Hamilton había nacido fuera del vínculo matrimonial en las Antillas y se trasladó a las colonias a la edad de 17 años. Su padre, un comerciante escocés, cayó en bancarrota cuando Hamilton tenía 15 años y el joven entró a trabajar en una firma de contaduría para ayudar a sostener a su familia.

Recién egresado de la Universidad de Columbia, Hamilton organizó regimientos de artillería en Nueva York para la Guerra Revolucionaria, y desde 1779 a 1781 fue el asistente principal de Washington. Cuando Washington asumió la presidencia, nombró a Hamilton como Ministro de Hacienda.

Irónicamente, antes de que Washington fuera electo presidente, Hamilton formó parte de un grupo de políticos que creían que Estados Unidos necesitaba un rey. El grupo le escribió una carta al Príncipe Enrique de

Prusia ofreciéndole el trabajo. Antes de que él respondiera, el grupo cambió de opinión.

Sus creencias políticas: Hamilton fue el que más promovía una visión política elitista. Creía que la aristocracia intelectual debía regir la nación.

El legado político de Hamilton se encarna en el Banco Federal. Encabezó los esfuerzos por establecer el primer banco de este tipo, el cual consideraba crucial para sostener las frágiles finanzas del gobierno. Sus oponentes consideraban al banco como un instrumento malvado para expandir el poder del gobierno federal en desmedro de los estados. Hamilton es considerado el "Padre de la Deuda Nacional" pues creía que esta deuda era en realidad una "bendición". ¡Mientras más dinero le debiera el gobierno al pueblo del país, más se preocuparía el pueblo por el éxito de la nación!

Cuando Jefferson se postuló a la presidencia en 1800, él y Aaron Burr (ambos Republicanos) empataron. La elección recayó sobre al Cámara de Representantes controlada por los Federalistas. Hamilton, fundador del Partido Federalista, convenció a sus colegas a que eligieran a Jefferson en lugar de Burr. Luego Burr se postuló al cargo de gobernador de Nueva York en 1804. Nuevamente, Hamilton hizo campaña en su contra. Finalmente, Burr desafió a Hamilton a un duelo. Fatalmente herido por su rival, Hamilton falleció al día siguiente.

Camarada más cercano entre los Padres Fundadores: George Washington.

Lo que dijo: "Los derechos sagrados de la humanidad no son para ser apilados entre pergaminos antiguos o documentos mohosos. Están escritos como si fuera por un rayo de sol, en el gran tomo de la naturaleza humana, por la mano de la misma Divinidad y nunca podrán ser borrados ni ocultados por poder mortal alguno".

MÁS INFORMACIÓN FASCINANTE SOBRE LOS PADRES FUNDADORES

★★★★★

George Washington nació el 11 de febrero de 1732, pero en 1751 Gran Bretaña se cambió del calendario Juliano al Gregoriano. ¡Una ley del parlamento añadió once días para completar el ajuste y en 1752 Washington celebró su cumpleaños el 22 de febrero!

★★★★★

Una vez a Gouverneur Morris le ofrecieron una apuesta por una cena si era capaz de acercarse a George Washington, palmotearle la espalda y saludarlo en forma amistosa. Quería demostrarle a las personas lo "cercano" que era con el "jefe". Morris cumplió la apuesta, pero luego dijo que después de ver la gélida mirada de reprobación de Washington, ¡no lo volverá hacer ni por mil cenas!

★★★★★

Aunque es de conocimiento popular que George Washington solicitó la emancipación de sus esclavos en su último testamento, estipuló que sucedería sólo a la muerte de Martha, su esposa. Sin embargo, Martha en su testamento no liberó a los esclavos.

★★★★★

El Presidente George Washington hacía una reverencia para saludar a los invitados en las recepciones presidenciales a fin de evitar todo contacto físico. Esta tradición perduró hasta el final de la presidencia de John Adams. ¡Washington colocaba una mano sobre su espada y sostenía un sombrero en la otra para evitar toda posibilidad de que alguien lo forzara a estrechar la mano! Thomas Jefferson terminó con la tradición de hacer reverencias al saludar a las personas dándoles la mano.

★★★★★

De los Padres Fundadores que llegaron a ser presidentes, George Washington fue el único que no fue a la Universidad. John Adams se graduó de Harvard y James Madison de Princeton; Thomas Jefferson concurrió a la Universidad de William y Mary.

★★★★★

John Adams fue el primer presidente que vivió en la Casa Blanca cuando se mudó a Washington, D.C., en noviembre de 1800. Sin embargo sólo la ocupó por cuatro meses pues perdió la elección de 1800 ante Thomas Jefferson.

★★★★★

George Washington dio el discurso inaugural más corto en la historia de los Estados Unidos el 4 de marzo de 1793. Sólo fue de 133 palabras. William Henry Harrison dio el discurso más largo con 8,443 palabras el 4 de marzo de 1841, en un frío y ventoso día en Washington, D.C. Falleció un mes después a causa de un fuerte resfriado.

★★★★★

Al graduarse de Harvard, John Adams fue profesor de educación primaria. "Mi pequeña escuela, al igual que el gran mundo, está compuesta por reyes, políticos, clérigos, mequetrefes, bufones, chanchulleros, necios, fanfarrones, aduladores, deshollinadores y las demás personalidades que veo en el mundo. Prefiero sentarme en la escuela y pensar en cuál de mis alumnos se convertirá en héroe, en libertino, en filósofo y en parásito, que tener un ingreso de mil libras al año".

★★★★★

Thomas Jefferson murió en bancarrota. Antes de su muerte, Jefferson pudo aliviar parte de sus problemas financieros al aceptar $25,000 por sus libros de parte del Congreso. Los libros se usaron para iniciar la Biblioteca del Congreso. Sus amigos incluso intentaron organizar una lotería para vender parte de sus tierras y ayudarlo pero no fue suficiente.

James Madison de Virginia fue quien propuso la resolución para crear los diversos cargos ministeriales de la rama ejecutiva de nuestro gobierno y doce enmiendas a la Constitución, de las cuales diez se convirtieron en la Declaración de Derechos Fundamentales. ¡También propuso que el sueldo de los congresistas se determinara por el precio medio del trigo durante los seis años anteriores a una sesión del Congreso!

Cuando George Washington falleció el 14 de diciembre de 1799, sus últimas palabras fueron: "Me resisto a morir, pero no temo la partida... Déjenme partir tranquilo. No puedo durar por más tiempo... Está bien así".

★★★★★

Alexander Hamilton murió a manos de Aaron Burr en un duelo en Weehawken, Nueva Jersey, el 12 de julio de 1804. El hijo de Hamilton, Philip, había muerto en un duelo tres años antes (1801) en el mismo lugar.

★★★★★

Washington Irving describió a James Madison como "una pequeña manzana marchita" y a su esposa Dolley como una"fina dama corpulenta y regordeta".

★★★★★

El Marqués de Lafayette admiraba tanto a George Washington que bautizó a su hijo como George Washington Lafayette.

★★★★★

Thomas Jefferson a veces gastaba $50 al día (alrededor de $470 actuales) en mercaderías para sus pródigos agasajos. La cuenta de vino durante los ocho años que sirvió como presidente ascendió a $11,000 (¡alrededor de $105,000 actuales!). También fue el primer presidente que plantó tomates en Norteamérica.

★★★★★

La intención original fue enterrar a George Washington debajo del piso de la rotonda bajo el domo del capitolio. Falleció antes de que estuviera lista la rotonda y en 1828 su cripta fue cubierta.

★★★★★

John Adams falleció el 4 de julio de 1826 a la edad de 90 años y 247 días. Tuvo el matrimonio más largo de todos los ex presidentes. Se casó con Abigail el 25 de octubre de 1764, y el matrimonio duró 54 años (su esposa falleció en 1818).

★★★★★

Benjamin Franklin murió el 17 de abril de 1790. Su hija le pidió que se cambiara de posición en su lecho para que pudiera respirar mejor y sus últimas palabras fueron: "Para un hombre moribundo nada es fácil".

★★★★★

Benjamin Franklin falleció el 17 de abril de 1790, a la edad de 84 años. Los 20,000 asistentes a su funeral el 21 de abril de 1790 constituyeron la asamblea pública más numerosa hasta la fecha.

★★★★★

Thomas Jefferson a los ochenta y tres años pensaba que no pasaría el verano de 1826, pero esperaba poder llegar al 4 de julio (el aniversario número 50 de la Declaración de Independencia). Tanto él como John Adams fallecieron el 4 de julio de 1826, tras largas y distinguidas carreras. Primero habían sido amigos, luego enemigos políticos, y al final de sus días habían mantenido un fluido intercambio de correspondencia. Las últimas palabras de Adams fueron: "Thomas Jefferson vive", sin saber que Jefferson había expirado más temprano ese mismo día en Virginia. Las últimas palabras de Jefferson fueron: "¿Es el Cuatro? Encomiendo mi espíritu a Dios, mi hija y mi país".

★★★★★

El Presidente James Monroe también falleció el 4 de julio. Murió el 4 de julio de 1831, cinco años después que Thomas Jefferson y John Adams.

FIRMANTES DE LA CONSTITUCIÓN

El 17 de septiembre de 1787, la Convención Constitucional llegó a su fin en la sala de asamblea del Salón de la Independencia en Filadelfia, Pensilvania. Se escogieron a setenta personas para que asistieran a las reuniones con el propósito inicial de enmendar los Artículos de Confederación. Rhode Island optó por no enviar delegados. Cincuenta y cinco hombres asistieron a la mayoría de las reuniones, nunca hubo más de cuarenta y seis presentes a la vez, y al final sólo treinta y nueve delegados firmaron la Constitución (William Jackson, quien era el secretario de la convención, pero no un delegado, también firmó la Constitución. John Delaware no estuvo presente al momento de la firma pero le pidió a otro delegado que firmara por él.) A pesar de hacer contribuciones importantísimas, George Mason y Edmund Randolph de Virginia, y Elbridge Gerry de Massachusetts se negaron a firmar el documento final debido a diferencias filosóficas de fondo. Principalmente temían que se constituyera un gobierno todopoderoso y querían que se incluyera una declaración de derechos de las personas.

La siguiente lista incluye a las personas que firmaron la Constitución. Muchos de los firmantes de la Constitución ocuparon cargos de servicio público por varios años bajo la nueva forma de gobierno. Los estados se enumeran en orden alfabético seguidos por sus respectivos firmantes.

Estados y firmantes

CAROLINA DEL NORTE

William Blount *(1749-1800)*
Richard D. Spaight
(1758-1802)
Hugh Williamson
(1735-1819)

CAROLINA DEL SUR

Pierce Butler *(1744-1822)*
Charles Pinckney
(1757-1824)
Charles Cotesworth
Pinckney *(1746-1825)*
John Rutledge *(1739-1800)*

CONNECTICUT

William S. Johnson
(1727-1819)

Roger Sherman *(1721-1793)*

DELAWARE

Richard Bassett *(1745-1815)*

Gunning Bedford, Jr.
(1747-1812)

Jacob Broom *(1752-1810)*

John Dickinson
(1732-1808)

George Read *(1733-1798)*

GEORGIA

Abraham Baldwin
(1754-1807)

William Few *(1748-1828)*

MARYLAND

Daniel Carroll *(1730-1796)*

Daniel Jenifer of
St. Thomas *(1723-1790)*

James McHenry
(1753-1816)

MASSACHUSETTS

Nathaniel Gorham
(1738-1796)

Rufus King *(1755-1827)*

NUEVA HAMPSHIRE

Nicholas Gilman
(1755-1814)

John Langdon *(1741-1819)*

NUEVA JERSEY

David Brearly *(1745-1790)*

Jonathan Dayton
(1760-1824)

William Livingston
(1723-1790)

William Paterson
(Patterson) *(1745-1806)*

NUEVA YORK

Alexander Hamilton
(1755-1804)

PENSILVANIA

George Clymer *(1739-1813)*

Thomas Fitzsimons
(1741-1811)

Benjamin Franklin
(1706-1790)

Jared Ingersoll
(1749-1822)

Thomas Mifflin
(1744-1800)

Gouverneur Morris
(1752-1816)

Robert Morris *(1734-1806)*

James Wilson *(1742-1798)*

RHODE ISLAND

*Rhode Island no envió
delegados a la Convención
Constitucional.*

VIRGINIA

John Blair *(1732-1800)*

James Madison *(1751-1836)*

George Washington
(1732-1799)

INFORMACIÓN FASCINANTE SOBRE LA CONSTITUCIÓN DE LOS ESTADOS UNIDOS

La Constitución de los Estados Unidos tiene 4,440 palabras. Es la más antigua y corta de las constituciones escritas de todos los gobiernos del mundo.

De los errores tipográficos en la versión original en inglés de la Constitución, el error ortográfico de la palabra "Pensylvania" sobre los nombres de los firmantes es el más notorio.

Thomas Jefferson no firmó la Constitución. Estaba en Francia durante la Convención como embajador de los Estados Unidos. John Adams estaba sirviendo como embajador de los Estados Unidos ante Gran Bretaña durante la Convención Constitucional y tampoco pudo asistir.

★★★★★

La Constitución fue "caligrafiada" por Jacob Shallus, un secretario de la Asamblea General de Pensilvania por un pago de $30 ($325.29 actuales). La Constitución se tuvo en custodia en diversas ciudades hasta que en 1952 se colocó en el Edificio de los Archivos Nacionales en Washington, D.C. Durante el día, las páginas una y cuatro del documento se exhiben en una caja a prueba de balas. La caja contiene helio y vapor de agua para preservar la calidad del papel. En la noche, las páginas se bajan a una bóveda, detrás de puertas de cinco toneladas diseñadas para resistir una explosión nuclear. La Constitución completa se exhibe sólo un día al año, el 17 de septiembre, el aniversario del día en que los autores firmaron el documento.

La Constitución no establece los requisitos del derecho a voto. Por ello, al principio de la Unión, sólo podían votar los varones que tuvieran alguna propiedad. Los americanos de origen africano no eran considerados ciudadanos y las mujeres fueron excluidas del proceso electoral. Los aborígenes estadounidenses no tuvieron derecho a voto sino hasta 1924.

James Madison, "el padre de la Constitución", fue el primero en llegar a Filadelfia para asistir a la Convención Constitucional. Llegó en febrero, tres meses antes del inicio de la convención y llevó consigo el modelo para la nueva Constitución.

Cuando llegó el momento de que los estados ratificaran la Constitución, la falta de una declaración de derechos fundamentales fue el principal obstáculo.

El Gran Acuerdo salvó a la Convención Constitucional y probablemente a la Unión. Fue idea del delegado de Connecticut Roger Sherman y proponía la representación proporcional en la Cámara de Representantes y un representante por estado para el Senado (luego se cambió a dos). El acuerdo fue aprobado por 5 votos contra 4, con un estado, Massachusetts, "dividido".

Patrick Henry fue elegido como delegado para la Convención Constitucional pero rechazó el cargo aduciendo que "había gato encerrado".

Debido a su mala salud, Benjamin Franklin necesitó ayuda para firmar la Constitución. Al firmarla, lloró de emoción.

★★★★★

Gouverneur Morris fue el principal responsable por la "redacción" de la Constitución, aunque en septiembre de 1787 se formó un comité de estilo.

★★★★★

La persona de mayor edad en firmar la Constitución fue Benjamin Franklin (81). El más joven fue Jonathan Dayton de Nueva Jersey (26).

★★★★★

Cuando la Constitución se firmó, Estados Unidos tenía una población de 4 millones de habitantes. Ahora tiene más de 300 millones. Filadelfia era la ciudad más grande del país con 40,000 habitantes.

★★★★★

Una proclamación del Presidente George Washington y una resolución del Congreso establecieron el primer día nacional de Acción de Gracias el 26 de noviembre de 1789. La razón de esta festividad era dar "gracias" por la nueva Constitución.

★★★★★

La primera vez en que se usó el término formal "Los Estados Unidos de América" fue en la Declaración de Independencia.

★★★★★

La creación de la Constitución tardó cien días.

★★★★★

Hubo una controversia sobre el título oficial del Presidente. El Senado propuso que el título del presidente fuera "Su Alteza el Presidente de los Estados Unidos de América y Protector de sus Libertades". Al final la Cámara de Representantes y el Senado acordaron usar el de "Presidente de los Estados Unidos".

★★★★★

James Wilson originalmente propuso que el Presidente fuera elegido por sufragio universal, pero los delegados acordaron (tras 60 votaciones) usar el sistema conocido como Colegio Electoral. Aunque se han propuesto 500 enmiendas para modificarlo, este sistema "indirecto" de elegir al presidente sigue intacto.

★★★★★

George Washington y James Madison fueron los únicos presidentes que firmaron la Constitución.

★★★★★

En noviembre de 1788, el Congreso de la Confederación entró en receso y dejó a los Estados Unidos sin un gobierno central hasta abril de 1789. Fue en ese momento en que se reunió el primer Congreso bajo la nueva Constitución con su primer quórum.

★★★★★

James Madison fue el único delegado que asistió a cada reunión. Tomó notas detalladas sobre las diversas discusiones y debates acaecidos durante la convención. El diario que mantuvo durante la Convención Constitucional se mantuvo secreto hasta después de su muerte. Dicho diario (junto con otros documentos) fue comprado por el gobierno en 1837 en $30,000 (que serían $503,675.99 actuales). El diario se publicó en 1840.

★★★★★

Aunque la mente de Benjamin Franklin seguía lúcida, su cuerpo se estaba deteriorando. Sufría de permanentes dolores debido a la gota y un cálculo en la vejiga, y apenas podía caminar. Ingresaba al salón de la asamblea en una silla de manos sostenida por cuatro prisioneros de la cárcel de Walnut Street en Filadelfia.

★★★★★

Cuando Benjamin Franklin se retiraba de la Sede Estatal de Pensilvania tras la última reunión de la Convención Constitucional el 17 de septiembre de 1787, se le acercó la esposa del alcalde de Philadelphia. Ella quería saber cómo sería el nuevo gobierno. Franklin respondió, "Una república, señora. Si la puede conservar".

El 24 de marzo de 1788, se realizó una elección popular en Rhode Island para ratificar la nueva Constitución. ¡La votación fue de 237 a favor y 2,945 en contra!

En el primer Congreso de los Estados Unidos hubo 54 miembros que habían sido delegados a la Convención Constitucional o delegados a las diversas convenciones estatales de ratificación. También había 7 delegados que se habían opuesto a la ratificación.

★★★★★

Vermont ratificó la Constitución el 10 de enero de 1791, aunque aún no se había convertido en un estado.

La palabra "democracia" no aparece ni una sola vez en la Constitución.

Se propuso en la Convención Constitucional limitar el ejército activo del país a 5,000 hombres. George Washington sarcásticamente dijo que estaba de acuerdo con la propuesta, ¡siempre que también se estipulara que ningún ejército invasor pudiera tener más de 3,000 efectivos!

★★★★★

John Adams se refirió a la Constitución como "el esfuerzo único más grande de deliberación nacional que el mundo jamás había visto" y George Washington le escribió al Marqués de Lafayette que "Ella (la Constitución) me pareció casi un milagro".

★★★★★

Durante un acto de celebración del sesquicentenario de la Constitución en 1937, Harry F. Wilhelm recitó de memoria todo el documento incluyendo la Vigésima Primera Enmienda recién añadida. ¡Luego obtuvo un empleo en la sala de correspondencia del sesquicentenario!

FECHAS PARA RECORDAR

(La Constitución)

25 de mayo de 1787: La Convención Constitucional se inaugura en Filadelfia con un quórum de siete estados para analizar la modificación de los Artículos de Confederación. Al final llegaron representantes de todos los estados menos Rhode Island.

17 de septiembre de 1787: Las delegaciones de los 12 estados presentes aprueban la Constitución. De los 42 delegados presentes, 39 firman la Constitución y la Convención se da oficialmente por concluida.

21 de junio de 1788: La Constitución entra en vigencia para los estados que la ratificaron cuando Nueva Hampshire se convierte en el noveno estado en ratificarla.

4 de febrero de 1789: Se realiza la primera elección presidencial pero el resultado no se sabrá sino hasta el 6 de abril.

4 de marzo de 1789: El primer Congreso bajo la nueva Constitución se reúne en la Ciudad de Nueva York.

6 de abril de 1789: George Washington es electo el primer Presidente de los Estados Unidos bajo el amparo de la Constitución con 69 votos electorales. John Adams es electo vicepresidente con 34 votos.

30 de abril de 1789: George Washington asume el cargo de primer Presidente de los Estados Unidos.

8 de junio de 1789: James Madison presenta la Declaración de Derechos Fundamentales propuesta en la Cámara de Representantes.

25 de septiembre de 1789: El Congreso aprueba 12 enmiendas y las envía para su ratificación a los estados.

15 de diciembre de 1791: Virginia ratifica la Declaración de Derechos Fundamentales y 10 de las 12 enmiendas propuestas se agregan a la Constitución de los Estados Unidos.

LA CONSTITUCIÓN
DE LOS ESTADOS UNIDOS

*La Constitución se firmó el 17 de septiembre de 1787
en la Sede Estatal de Pensilvania (conocida ahora como
el Salón de la Independencia) en Filadelfia.*

PREÁMBULO

Nosotros, el Pueblo de los Estados Unidos, a fin de formar una Unión más perfecta, establecer justicia, asegurar la tranquilidad interior, proveer para la defensa común, promover el bienestar general y asegurar para nosotros y nuestra posteridad los beneficios de la Libertad, establecemos y sancionamos esta Constitución para los Estados Unidos de América.

Artículo I
LA RAMA LEGISLATIVA

Sección 1. Todos los poderes legislativos aquí garantizados serán concedidos a un Congreso de los Estados Unidos, que se compondrá de un Senado y una Cámara de Representantes.

LA CÁMARA DE REPRESENTANTES

Sección 2. [1] La Cámara de Representantes estará formada por miembros elegidos cada dos años por el pueblo de los diversos Estados, y los electores deberán cumplir en cada Estado las condiciones requeridas para los electores de la rama más numerosa de la legislatura del Estado.

[2] No será representante ninguna persona que no haya cumplido 25 años de edad ni haya sido ciudadano de los Estados Unidos durante siete años, y que al tiempo de la elección, no sea habitante del Estado por cual fue elegido.

[3] [Los representantes y los impuestos directos se prorratearán entre los distintos Estados que formen parte de esta Unión, de acuerdo con sus respectivos números, los cuales se determinarán sumando al número total de personas libres, incluyendo las obligadas a prestar servicios durante cierto término de años y excluyendo a los indios no sujetos al pago de impuestos,

las tres quintas partes de todas las personas restantes.]
(Nota: Modificado por la sección 2 de la Decimocuarta Enmienda.) La enumeración en sí deberá efectuarse dentro de los tres años siguientes a la primera sesión del Congreso de los Estados Unidos y en lo sucesivo cada diez años, en la forma establecida por la ley. El número de representantes no excederá uno por cada treinta mil habitantes con tal que cada Estado cuente con un representante cuando menos; y hasta que se efectúe dicha enumeración, el Estado de Nueva Hampshire tendrá derecho a elegir tres; Massachussets, ocho; Rhode Island y las Plantaciones de Providencia, uno; Connecticut, cinco; Nueva York, seis; Nueva Jersey, cuatro; Pensilvania, ocho; Delaware, uno; Maryland seis; Virginia, diez; Carolina del Norte, cinco; Carolina del Sur, cinco; y Georgia, tres.

[4] Cuando ocurran vacantes en la representación de cualquier Estado, la Autoridad Ejecutiva del mismo expedirá un decreto convocando a elecciones con el objeto de llenarlas.

[5] La Cámara de Representantes elegirá su Presidente y demás funcionarios y tendrá la absoluta facultad de presentar cargos en Juicios Políticos.

EL SENADO

Sección 3. [1] El Senado de los Estados Unidos se compondrá de dos Senadores por cada Estado [elegidos por seis años por la legislatura del mismo] *(Nota: Modificado por la sección 1 de la Decimoséptima Enmienda.)* y cada Senador dispondrá de un voto.

[2] Tan pronto como se hayan reunido en virtud de la elección inicial, se dividirán en tres grupos tan iguales como sea posible. Los escaños de los Senadores del primer grupo quedarán vacantes al terminar el segundo año; las del segundo grupo, al expirar el cuarto año y los del tercer grupo, al concluir el sexto año, de tal manera que sea factible elegir una tercera parte cada dos años; [y si ocurren vacantes, por renuncia u otra causa, durante el receso de la legislatura de algún Estado, el Ejecutivo de éste podrá hacer designaciones provisionales hasta el siguiente período de

sesiones de la legislatura, la que procederá a cubrir dichas vacantes.] *(Nota: Modificado por la cláusula 2 de la Decimoséptima Enmienda.)*

[3] No será Senador ninguna persona que no haya cumplido treinta años de edad ni haya sido ciudadano de los Estados Unidos durante nueve años y que, al tiempo de la elección, no sea habitante del Estado por cual fue elegido.

[4] El Vicepresidente de los Estados Unidos será Presidente del Senado, pero no tendrá voto excepto en el caso de estar los Senadores igualmente divididos.

[5] El Senado elegirá a sus demás funcionarios, así como un Presidente pro tempore, en ausencia del Vicepresidente o cuando éste se halle desempeñando la Presidencia de los Estados Unidos.

[6] El Senado será el único facultado para juzgar Juicios Políticos. Cuando se reúna con este objeto, sus miembros deberán prestar juramento o promesa. Cuando se juzgue al Presidente de los Estados Unidos, deberá presidir el Presidente de la Corte Suprema: y ninguna persona será condenada sin el voto de las dos terceras partes de los miembros presentes.

[7] El alcance de la sentencia en Juicios Políticos no irá más allá de la destitución del cargo y la inhabilitación para ocupar y disfrutar cualquier cargo honorífico, de confianza o remunerado, que dependa de los Estados Unidos; pero la parte condenada quedará sujeta, no obstante, a que se la acuse, enjuicie, juzgue y castigue de acuerdo con la Ley.

ORGANIZACIÓN DEL CONGRESO

Sección 4. [1] Los lugares, fechas y modo de celebrar las elecciones para Senadores y Representantes se prescribirán en cada Estado por la legislatura respectiva; pero el Congreso podrá formular o alterar dichas reglas, en cualquier momento, por medio de una ley, excepto en lo que se refiere a los lugares de elección de los Senadores.

[2] El Congreso se reunirá al menos una vez al año, y esta reunión será el [primer lunes de diciembre] *(Nota: Modificado por la sección 2 de la Vigésima Enmienda.)*, a no ser que por ley se fije otro día.

29

Sección 5. [1] Cada Cámara calificará las elecciones, los informes sobre escrutinios y la capacidad legal de sus propios miembros, y una mayoría de cada una constituirá el quórum necesario para sesionar; pero un número menor puede suspender las sesiones de un día para otro y estará autorizado para exigir a los miembros ausentes a que asistan, en el modo y bajo las sanciones que determine cada Cámara.

[2] Cada Cámara puede elaborar su reglamento interno, castigar a sus miembros por comportamiento inapropiado y expulsarlos de su seno con el consentimiento de las dos terceras partes.

[3] Cada Cámara llevará un Diario de sus sesiones y lo publicará de tiempo en tiempo, a excepción de aquellas partes que a su juicio exijan reserva, y los votos afirmativos y negativos de sus miembros con respecto a cualquier pregunta se harán constar en el Diario, a petición de una quinta parte de los presentes.

[4] Durante el período de sesiones del Congreso ninguna de las Cámaras puede suspenderlas por más de tres días ni acordar que se celebren en un lugar distinto de aquél en que se reúnen ambas Cámaras sin el consentimiento de la otra.

Sección 6. [1] Los Senadores y Representantes recibirán por sus servicios una remuneración que será fijada por ley y pagada por la Hacienda Pública de los Estados Unidos. En todos los casos, exceptuando los de traición, delito grave y perturbación del orden público, gozarán del privilegio de no ser arrestados durante el tiempo que asistan a las sesiones de sus respectivas Cámaras, así como al ir a ellas o regresar de las mismas, y no podrán ser objeto de interrogatorio alguno con motivo de discurso o debate alguno en una de las Cámaras en ningún otro lugar.

[2] Ningún Senador o Representante será nombrado, durante el tiempo por el cual haya sido elegido, para ocupar cualquier cargo civil que dependa de los Estados Unidos, que haya sido creado o cuya renumeración haya sido aumentada durante dicho tiempo,

y ninguna persona que ocupe un cargo público en los Estados Unidos podrá formar parte de las Cámaras mientras continúe en funciones.

Sección 7. [1] Todo proyecto de ley que tenga por objeto la obtención de ingresos deberá originarse en la Cámara de Representantes; pero el Senado podrá proponer reformas o convenir enmiendas de la misma manera que para los demás proyectos.

[2] Todo proyecto aprobado por la Cámara de Representantes y el Senado se presentará al Presidente de los Estados Unidos antes de que se convierta en ley; si él lo aprobare lo firmará; en caso contrario lo devolverá, junto con sus objeciones, a la Cámara en que se haya originado, la cual asentará íntegramente las objeciones en su Diario y procederá a reconsiderarlo. Si después de dicha reconsideración las dos terceras partes de esa Cámara se pusieren de acuerdo en aprobar el proyecto, se remitirá, acompañado de las objeciones, a la otra Cámara para que sea reconsiderado, y si lo aprobaren las dos terceras partes de dicha Cámara, se convertirá en Ley. Pero en todos estos casos, la votación de ambas Cámaras será nominal y los nombres de las personas que voten en pro o en contra del proyecto se asentarán en el Diario de cada una de las Cámaras. Si algún proyecto de ley no fuera devuelto por el Presidente en un plazo de diez días (exceptuando los domingos) después de haberle sido presentado, este se convertirá en Ley, de la misma manera que si lo hubiera firmado, a menos que la suspensión de sesiones del Congreso impidiera su devolución, en cuyo caso no se convertirá en Ley.

[3] Toda orden, resolución o votación para la cual sea necesaria la concurrencia del Senado y la Cámara de Representantes (salvo en materia de suspensión de las sesiones), se presentará al Presidente de los Estados Unidos; y no tendrá efecto antes de ser aprobada por él, o en el caso de que la rechazare, de ser aprobada nuevamente por dos terceras partes del Senado y de la Cámara de Representantes, de conformidad con las reglas y limitaciones prescritas en el caso de un proyecto de ley.

Sección 8. [1] El Congreso tendrá facultad para: Establecer y recaudar impuestos, aranceles, derechos y contribuciones; para pagar las deudas y proveer para la defensa común y el bienestar general de los Estados Unidos; pero todos los aranceles, derechos y contribuciones serán uniformes en todos los Estados Unidos;

[2] Contraer empréstitos a cargo al crédito de los Estados Unidos;

[3] Regular el comercio con las naciones extranjeras, entre los diferentes Estados y con las tribus indígenas;

[4] Establecer un reglamento uniforme de naturalización y leyes uniformes en materia de quiebra para todos los Estados Unidos;

[5] Emitir dinero y regular su valor, así como su relación con moneda extranjera. Fijar los patrones de pesas y medidas;

[6] Proveer lo necesario para el castigo de quienes falsifiquen los títulos y la moneda vigente de los Estados Unidos;

[7] Establecer oficinas de correos y rutas postales;

[8] Fomentar el progreso de la Ciencia y las Artes útiles, asegurando a los autores e inventores, por un tiempo limitado, el derecho exclusivo sobre sus respectivos escritos y descubrimientos;

[9] Crear tribunales inferiores a la Corte Suprema de Justicia;

[10] Definir y castigar la piratería y otros delitos graves cometidos en alta mar; y violaciones contra la Ley de Naciones;

[11] Declarar la guerra, otorgar Patentes de Corso y Represalia, y dictar reglas con relación a las capturas en mar y tierra;

[12] Reclutar y sostener ejércitos, pero ninguna apropiación de fondos con ese destino será por un plazo superior a dos años;

[13] Habilitar y mantener una marina;

[14] Dictar reglas para el gobierno y regulación de las fuerzas navales y terrestres;

[15] Disponer cuando debe convocarse a la Milicia con el fin de hacer cumplir las leyes de la Unión, sofocar insurrecciones y rechazar invasiones;

[16] Proveer lo necesario para organizar, armar y disciplinar a la Milicia, y para regular la parte de ésta que se utilice en servicio de los Estados Unidos; reservándose a los Estados correspondientes el nombramiento de los oficiales, y la facultad de entrenar la Milicia conforme a la disciplina prescrita por el Congreso;

[17] Legislar en forma exclusiva en todo lo referente al Distrito (que no podrá ser más grande que diez millas cuadradas) que, a consecuencia de la cesión de los Estados en que este se encuentre situado y la aceptación del Congreso, se convierta en sede del gobierno de los Estados Unidos; y aplicar dicha autoridad sobre todos los lugares adquiridos con el consentimiento de la Legislatura del Estado en el cual se encuentre el Distrito, para la construcción de fuertes, almacenes, arsenales, astilleros y otros edificios necesarios; y

[18] Expedir todas las leyes que sean necesarias y apropiadas para llevar a efecto la ejecución de los poderes anteriores y todos los demás poderes que esta Constitución confiere al gobierno de los Estados Unidos o cualquiera de sus departamentos o funcionarios.

PODERES NEGADOS AL CONGRESO

Sección 9. [1] La inmigración o importación de las personas que cualquiera de los Estados ahora existentes estime oportuno admitir, no podrá ser prohibida por el Congreso, antes del año de mil ochocientos ocho, pero puede imponer sobre dicha importación una contribución o tasa que no exceda diez dólares por cada persona.

[2] El privilegio del habeas corpus no se suspenderá, salvo cuando la seguridad pública lo exija en casos de rebelión o invasión.

[3] No se aprobarán decretos de proscripción ni leyes ex post facto.

[4] No se establecerá ningún impuesto directo ni de capitación, a menos que sea en forma proporcional al censo o enumeración que anteriormente se ordenó practicar. *(Nota: Véase la Decimosexta Enmienda.)*

[5] Ningún impuesto o derecho se establecerá sobre los artículos que se exporten de cualquier Estado.

[6] Los puertos de un Estado no gozarán de preferencia sobre los de ningún otro en virtud de reglamentación alguna mercantil o fiscal; así como tampoco las embarcaciones que se dirijan a un Estado o procedan de él estarán obligadas a ingresar, despachar sus documentos o cubrir derechos en otro Estado.

[7] Ningún monto de dinero podrá extraerse de la Hacienda Pública si no es como consecuencia de Asignaciones autorizadas por la ley, y periódicamente deberá publicarse un estado y balance ordenados de los ingresos y gastos de los fondos públicos.

[8] Los Estados Unidos no concederán ningún título nobiliario: y ninguna persona que ocupe un cargo remunerado u honorífico que dependa de los Estados Unidos, aceptará ningún regalo, retribución, cargo o título, sea de la clase que fuere, de ningún monarca, príncipe o estado extranjero, sin el consentimiento del Congreso.

PODERES NEGADOS A LOS ESTADOS

Sección 10. [1] Ningún Estado podrá celebrar Tratado, Alianza o Confederación algunos; otorgar patentes de Corso y Represalia; emitir moneda, emitir cartas de crédito, legalizar otro método que no sean monedas de oro y plata como medio de pago de las deudas; aprobar decretos de proscripción, leyes ex post facto, o leyes que menoscaben las obligaciones que derivan de los contratos, ni conceder título nobiliario alguno.

[2] Ningún Estado podrá, sin el consentimiento del Congreso, imponer aranceles o derechos sobre las importaciones y exportaciones, excepto lo que fuere absolutamente necesario para el cumplimiento de sus leyes de inspección, y el producto neto de todos los derechos y aranceles que establezcan los Estados sobre las importaciones y exportaciones, será para uso de la Hacienda Pública de los Estados Unidos; y todas dichas leyes estarán sujetas a la revisión y control del Congreso.

[3] Sin dicho consentimiento del Congreso ningún Estado podrá establecer derechos de tonelaje, mantener tropas o navíos de guerra en tiempo de paz, celebrar

convenio o pacto alguno con otro Estado o con una potencia extranjera, o entrar en guerra, a menos de ser invadido o de hallarse en peligro tan inminente que no admita demora.

Artículo II
LA RAMA EJECUTIVA

Sección 1. [1] El poder ejecutivo será conferido a un Presidente de los Estados Unidos de América. Él desempeñará su encargo durante un período de cuatro años y, junto con el Vicepresidente designado para el mismo período, será elegido como sigue:

[2] Cada Estado nombrará, del modo que su legislatura disponga, un número de electores igual al total de los Senadores y Representantes a que el Estado tenga derecho en el Congreso, pero ningún Senador, ni Representante, ni persona que ocupe un cargo honorífico o remunerado que dependa de los Estado Unidos podrá ser designado como elector.

[3] [Los electores se reunirán en sus respectivos Estados y elegirán mediante votación secreta entre dos personas, una de las cuales, cuando menos, no deberá ser residente del mismo Estado que ellos. Y formarán una lista de todas las personas por las que hayan votado y del número de votos por cada una; la cual firmarán y certificarán, y remitirán sellada a la sede del Gobierno de los Estados Unidos, dirigida al Presidente del Senado. El Presidente del Senado abrirá todos los certificados en presencia del Senado y de la Cámara de Representantes, y los votos serán entonces contados. La persona que obtenga el mayor número de votos será el Presidente, siempre que dicho número represente la mayoría de todos los electores nombrados: y si hubiere más de uno que tenga esa mayoría y que cuente con igual número de votos, entonces la Cámara de Representantes, mediante votación secreta, elegirá a uno de ellos inmediatamente para Presidente; y si ninguna persona tuviere mayoría entonces la referida Cámara elegirá al Presidente de la misma manera entre los cinco nombres con mayor número de votos en la

lista. Pero para elegir al Presidente la votación se tomará por Estados, teniendo la representación de cada Estado un voto; para este objeto el quórum consistirá de uno o más miembros de las dos terceras partes de los Estados, y será necesaria una mayoría de todos los Estados para que se tenga por hecha la elección. En todos los casos, y una vez elegido el Presidente, la siguiente persona que tenga el mayor número de votos de los electores será el Vicepresidente. Pero si quedaren dos o más con el mismo número de votos, el Senado escogerá de entre ellos al Vicepresidente, mediante votación secreta.] *(Nota: Reemplazado por la Duodécima Enmienda.)*

[4] El Congreso podrá fijar la fecha de designación de los electores, así como el día en que deberán emitir sus votos, el cual deberá ser el mismo en todos los Estados Unidos.

[5] Ninguna persona a menos que sea ciudadano por nacimiento o que haya sido ciudadano de los Estados Unidos al tiempo de adoptarse esta Constitución, podrá postular para el cargo de Presidente; tampoco podrá postular para ese cargo ninguna persona que no haya cumplido treinta y cinco años de edad y que no haya residido catorce años en los Estados Unidos.

[6] [En caso de que el Presidente sea separado de su cargo, de su muerte, renuncia o incapacidad para desempeñar los poderes y deberes de dicho cargo, estos pasarán al Vicepresidente, y el Congreso podrá prever por ley para el caso de separación, muerte, renuncia o incapacidad, tanto del Presidente como del Vicepresidente, y declarar qué funcionario se desempeñará como Presidente hasta que desaparezca la causa de incapacidad o se elija un Presidente.] *(Nota: Modificado por la Vigésima quinta Enmienda.)*

[7] El Presidente recibirá una remuneración por sus servicios, en las fechas determinadas, la cual no podrá ser aumentada ni disminuida durante el período para el cual él haya sido designado y no podrá recibir durante ese tiempo ninguna otra retribución de parte de los Estados Unidos o de cualquiera de los Estados.

[8] Antes de comenzar a desempeñar su Cargo prestará el siguiente juramento o promesa: "Juro (o prometo) solemnemente que desempeñaré lealmente el cargo de Presidente de los Estados Unidos y que sostendré, protegeré y defenderé la Constitución de los Estados Unidos, al máximo de mis facultades".

Sección 2. [1] El Presidente será comandante en jefe del Ejército y la Marina de los Estados Unidos y de la Milicia de los diversos Estados, cuando se la llame al servicio activo de los Estados Unidos; podrá solicitar la opinión, por escrito, del funcionario principal de cada uno de los departamentos administrativos con relación a cualquier asunto que se relacione con los deberes de sus respectivos cargos, y estará facultado para suspender la ejecución de sentencias y conceder indultos por delitos contra los Estados Unidos, excepto en los casos de juicios políticos.

[2] Él tendrá facultad, por y con el consejo y consentimiento del Senado, para celebrar tratados, con tal que den su anuencia dos terceras partes de los Senadores presentes; y propondrá, y con el consejo y consentimiento del Senado, nombrará a embajadores, demás ministros públicos y cónsules, magistrados de la Corte Suprema de Justicia y todos los demás funcionarios de los Estados Unidos cuya designación no provea este documento de otra forma y que será establecida por ley: pero el Congreso podrá, por ley, conferir el nombramiento de los funcionarios inferiores que considere convenientes al Presidente solamente, a los Tribunales de Justicia o a los Jefes de Departamentos.

[3] El Presidente tendrá el derecho de cubrir todas las vacantes que se produzcan durante el receso del Senado, extendiendo nombramientos provisionales, que terminarán al final del siguiente período de sesiones.

Sección 3. Periódicamente deberá proporcionar al Congreso informes sobre el Estado de la Unión y presentar a consideración del Congreso las medidas que él estime necesarias y oportunas; en ocasiones de carácter extraordinario podrá convocar ambas Cámaras o a cualquiera de ellas, y en el supuesto de que discrepen en cuanto a la fecha en que deban entrar en receso, podrá suspender sus sesiones, en la fecha que considere conveniente; recibirá a los embajadores y otros ministros públicos; cuidará de que las leyes se ejecuten puntualmente y extenderá los nombramientos de todos los funcionarios de los Estados Unidos.

Sección 4. El Presidente, el Vicepresidente y todos los funcionarios civiles de los Estados Unidos serán separados de sus cargos al ser acusados y declarados culpables en juicios políticos de traición, cohecho u otros delitos y faltas graves.

Artículo III
LA RAMA JUDICIAL

Sección 1. El poder judicial de los Estados Unidos será depositado en una Corte Suprema y en las cortes inferiores que el Congreso instituya y establezca en lo sucesivo. Los jueces, tanto de la Corte Suprema como de las cortes inferiores, continuarán en sus funciones mientras observen buena conducta y recibirán en fechas determinadas, una remuneración por sus servicios que no será disminuida mientras ejerzan su cargo.

Sección 2. [1] El Poder Judicial aplicará en todas las controversias, tanto de derecho como de equidad, que surjan como consecuencia de esta Constitución, las leyes de los Estados Unidos y de los tratados celebrados o que se celebren bajo la autoridad de los Estados Unidos; en todas las controversias que se relacionen con embajadores, otros ministros públicos y cónsules; en todas las controversias de la jurisdicción marítima y de almirantazgo; en las controversias en que los Estados Unidos sea una parte; en las controversias entre dos o más Estados; [entre un Estado y los ciudadanos de otro], *(Nota: Modificado por la Undécima Enmienda.)*; entre ciudadanos de diferentes Estados; entre ciudadanos del mismo Estado que reclamen tierras en virtud de concesiones de diferentes Estados; [y entre un Estado o los ciudadanos del mismo y Estados, ciudadanos o súbditos extranjeros.] *(Nota: Modificado por la Undécima Enmienda.)*

[2] En todos los casos relacionados con embajadores, otros ministros públicos y cónsules, así como en aquéllos en que sea parte un Estado, la Corte Suprema poseerá jurisdicción en única instancia. En todos los demás casos antedichos, la Corte Suprema conocerá en apelación, tanto del derecho como de los hechos, con las excepciones y de acuerdo con la reglamentación que formule el Congreso.

[3] Todos los delitos serán juzgados por medio de un jurado excepto en los casos de juicio político; y dicho juicio tendrá lugar en el Estado en que el delito se haya cometido; pero cuando no se haya cometido dentro de los límites de ningún Estado, el juicio se celebrará en el lugar o lugares que el Congreso haya dispuesto por ley.

Sección 3. [1] La traición contra los Estados Unidos consistirá únicamente en declarar guerra en su contra o en unirse a sus enemigos, impartiéndoles ayuda y protección. A ninguna persona se le condenará por traición si no es sobre la base de la declaración de dos testigos que hayan presenciado el mismo acto perpetrado abiertamente o de una confesión en sesión pública ante una corte.

[2] El Congreso estará facultado para fijar la pena por traición; pero ninguna condena por traición podrá privar del derecho de transmitir bienes por herencia, ni producirá la confiscación de sus bienes más allá que en vida de la persona condenada.

Artículo IV
RELACIÓN ENTRE LOS ESTADOS

Sección 1. Se dará completa fe y crédito en cada Estado a las actas públicos, registros y procedimientos judiciales de todos los demás Estados. Y el Congreso podrá prescribir, mediante leyes generales, la forma en que dichas actas, registros y procedimientos se probarán y el efecto de los mismos.

Sección 2. [1] Los ciudadanos de cada Estado tendrán derecho a todos los privilegios e inmunidades de los ciudadanos de los demás Estados.

[2] Una persona acusada en cualquier Estado por traición, delito grave u otro crimen, que huya de la justicia y fuere hallada en otro Estado, será entregada, por

solicitud de la Autoridad Ejecutiva del Estado del que se haya fugado, con el objeto de que sea conducida al Estado que posea jurisdicción sobre el delito.

[3] [Ninguna persona obligada a servir o laborar en un Estado, bajo las leyes de éste, que escape a otro Estado, quedará liberada, a consecuencia de ninguna ley o reglamento de dicho Estado, de dichos servicios o trabajo, sino que será entregada al reclamarla la parte interesada a quien se deba tal servicio o trabajo.] *(Nota: Reemplazado por la Decimotercera Enmienda.)*

RELACIONES ENTRE EL GOBIERNO FEDERAL Y LOS ESTADOS

Sección 3. [1] El Congreso podrá admitir nuevos Estados a esta Unión, pero ningún nuevo Estado podrá formarse o erigirse dentro de los limites de otro Estado, ni un Estado constituirse mediante la unión de dos o más Estados o partes de Estados, sin el consentimiento de las legislaturas de los Estados afectados, así como del Congreso.

[2] El Congreso tendrá facultad para disponer y formular todos los reglamentos y reglas necesarios con respecto al territorio y otros bienes que pertenezcan a los Estados Unidos, y ninguna parte de esta Constitución será interpretada de manera que cause perjuicio a los derechos reclamados por los Estados Unidos o por cualquier Estado individual.

Sección 4. Los Estados Unidos garantizarán a todo Estado de esta Unión una forma de gobierno republicana, y protegerá a cada uno de ellos en contra de invasiones; y a solicitud de la legislatura, o del ejecutivo (en caso de que no fuese posible reunir a la legislatura) contra disturbios internos.

Artículo V
ENMIENDAS A LA CONSTITUCIÓN

Siempre que las dos terceras partes de ambas Cámaras lo juzguen necesario, el Congreso propondrá enmiendas a esta Constitución, o, a solicitud de las legislaturas de las dos terceras partes de los distintos Estados, convocará una Convención con el objeto de que propongan enmiendas, las cuales, en cualquier caso, poseerán la misma validez como si fueran parte de esta Constitución, para todo efecto, una vez que hayan sido ratificadas por las legislaturas de las tres cuartas partes de los Estados separadamente o por medio de convenciones reunidas en tres cuartos de los mismos, según el Congreso haya propuesto uno u otro modo para la ratificación; y a condición de que ninguna enmienda que sea hecha antes del año de mil ochocientos ocho, modifique de manera alguna, las cláusulas primera y cuarta de la Sección Novena del Artículo Primero; y que a ningún Estado se le prive, sin su consentimiento, de igualdad de voto en el Senado.

Artículo VI

DEUDAS NACIONALES

[1] Todas las deudas contraídas y los compromisos adquiridos antes de la adopción de esta Constitución serán tan válidos en contra de los Estados Unidos bajo esta Constitución, como bajo la Confederación.

SUPREMACÍA DEL GOBIERNO NACIONAL

[2] Esta Constitución, y las leyes de los Estados Unidos que se promulguen de conformidad a ella; y todos los Tratados celebrados o que se celebren bajo la autoridad de los Estados Unidos, serán la Ley Suprema de la nación; y los jueces de cada Estado estarán por lo tanto obligados a observarlas, sin consideración de ninguna cosa en contrario en la Constitución o las leyes de cualquier Estado.

[3] Los Senadores y Representantes mencionados, los miembros de las distintas legislaturas estatales y todos los funcionarios ejecutivos y judiciales, tanto de los Estados Unidos como de los diversos Estados, se obligarán mediante juramento o promesa a sostener esta Constitución; pero nunca se exigirá una prueba religiosa como condición para ocupar ningún cargo o mandato público que dependa de los Estados Unidos.

Artículo VII

RATIFICACIÓN DE LA CONSTITUCIÓN

La ratificación por las Convenciones de nueve Estados bastará para que esta Constitución entre en vigencia por lo que respecta a los Estados que la ratifiquen.

Efectuado en Convención, por consentimiento unánime de los Estados presentes, el día diecisiete de septiembre del año de Nuestro Señor de mil setecientos ochenta y siete, y duodécimo de la Independencia de los Estados Unidos de América.

Como testigos de ésta, nosotros firmamos nuestros nombres a continuación.

George Washington, Presidente
y diputado por Virginia

Nueva Hampshire	John Langdon	Nicholas Gilman
Massachusetts	Nathaniel Gorham	Rufus King
Connecticut	Wm. Saml. Johnson	Roger Sherman
Nueva York	Alexander Hamilton	
Nueva Jersey	Wil: Livingston	David Brearley
	Wm. Paterson	Jona: Dayton
Pensilvania	B. Franklin	Thomas Mifflin
	Robt Morris	Geo. Clymer
	T'hos. FitzSimons	Jared Ingersoll
	James Wilson	Gouv Morris
Delaware	Geo: Read	Gunning Bedford jun
	John Dickinson	Richard Basset
	Jaco: Broom	
Maryland	James McHenry	Dan of St Thos. Jenifer
	Danl Carroll	
Virginia	John Blair-	James Madison Jr.
Carolina del Norte	Wm. Blount	Richd. Dobbs Spaight
	Hu Williamson	
Carolina del Sur	J. Rutledge	Charles C. Pinckney
	Charles Pinckney	Pierce Butler
Georgia	William Few	Abr Baldwin

Testifica William Jackson - Secretario

ENMIENDAS
A LA CONSTITUCIÓN

El 25 de septiembre de 1789, el Congreso envió a las legislaturas estatales doce enmiendas propuestas, las dos primeras de las cuales tenían que ver con la representación y las remuneraciones del Congreso. Los estados aprobaron de la tercera a la duodécima enmiendas, las que se convirtieron en la Declaración de Derechos Fundamentales en 1791. Por lo tanto, en realidad la tercera enmienda de las doce propuestas es nuestra Primera Enmienda. Generalmente se establece un límite de siete años (con la posibilidad de una extensión) para que una enmienda sea aprobada por las tres cuartas partes de las legislaturas estatales (38 estados) y se convierta en parte de la Constitución. Sin embargo, no se estableció ningún límite de tiempo para las primeras doce enmiendas propuestas. Michigan se convirtió en el trigésimo octavo estado en ratificar la segunda enmienda propuesta relacionada con los aumentos de sueldo del Congreso el 7 de mayo de 1992. Por lo tanto, doscientos tres años después de su presentación, la propuesta que establece restricciones a las remuneraciones de los congresistas se convirtió en la vigésima séptima enmienda y la modificación más reciente a la Constitución.

DECLARACIÓN DE DERECHOS
FUNDAMENTALES

Las primeras diez enmiendas (Declaración de Derechos Fundamentales) fueron ratificadas y entraron en vigencia el 15 de diciembre de 1791.

ENMIENDA I

LIBERTAD DE RELIGIÓN, EXPRESIÓN Y DE PRENSA; DERECHOS DE REUNIÓN Y PETICIÓN

El Congreso no hará ley alguna con respecto a la adopción de una religión o prohibiendo la libertad de culto; o que coarte la libertad de expresión o de la prensa, o el derecho del pueblo para reunirse pacíficamente, y para solicitar al gobierno la reparación de agravios.

ENMIENDA II
DERECHO A PORTAR ARMAS

Una Milicia bien regulada, siendo necesaria para la seguridad de un Estado Libre, el derecho del pueblo a poseer y portar armas, no será infringido.

ENMIENDA III
ALOJAMIENTO DE MILITARES

Ningún militar será en tiempo de paz alojado en casa alguna sin el consentimiento del propietario, ni tampoco en tiempo de guerra, excepto en la forma que prescriba la ley.

ENMIENDA IV
ÓRDENES DE REGISTRO Y ARRESTO

El derecho del pueblo a la seguridad que sus personas, domicilios, documentos y efectos se hallen a salvo de registros y aprehensiones arbitrarias, será inviolable, y no se expedirán órdenes, excepto por sospechas razonables sustentadas mediante juramentos o promesas, y que describan expresamente el lugar que será registrado y las personas o cosas que han de ser detenidas o incautadas.

ENMIENDA V
DERECHOS EN PROCESOS PENALES

Nadie estará obligado a responder por un delito castigado con la pena capital u otro delito infame, si un Gran Jurado no lo denuncia o acusa, a excepción de los casos que se presenten en las Fuerzas Terrestres o Navales, o en la Milicia nacional cuando se encuentre en servicio activo en tiempo de Guerra o peligro público; ni podrá persona alguna ser puesta dos veces en peligro grave por el mismo delito; ni será forzada a declarar en su propia contra en ningún juicio penal; ni se le privará de la vida, libertad o propiedad sin el debido proceso legal; ni se ocupará la propiedad privada para uso público sin una justa indemnización.

ENMIENDA VI
DERECHO A UN JUICIO JUSTO

En toda proceso penal, el acusado gozará del derecho de ser juzgado pública y expeditamente por un jurado imparcial del Estado y distrito en que el delito se haya cometido, distrito que habrá sido determinado previamente por ley; así como de ser informado sobre la naturaleza y causa de la acusación; que se le caree con los testigos en su contra; que se obligue a comparecer a los testigos en su favor y de contar con la ayuda de Accesoria Legal para su defensa.

ENMIENDA VII
DERECHOS EN PROCESOS CIVILES

En los juicios de derecho consuetudinario, en que el valor que se discuta exceda de veinte dólares, el derecho a juicio ante un jurado será garantizado, y ningún hecho que haya conocido un jurado será reexaminado en corte alguna de los Estados Unidos, como no sea de acuerdo con las normas del derecho consuetudinario.

ENMIENDA VIII
FIANZAS, MULTAS Y CASTIGOS

No se exigirán fianzas excesivas, ni se impondrán multas excesivas, ni se infligirán castigos crueles e inusuales.

ENMIENDA IX
DERECHOS CONSERVADOS POR EL PUEBLO

La enumeración en la Constitución, de ciertos derechos no ha de interpretarse para negar o menospreciar otros que conserva el pueblo.

ENMIENDA X
PODERES CONSERVADOS POR LOS ESTADOS Y EL PUEBLO

Los poderes no delegados a los Estados Unidos por la Constitución, ni prohibidos por esta a los Estados, están reservados a los Estados respectivamente, o al pueblo.

ENMIENDA XI
LITIGIOS CONTRA LOS ESTADOS

La Enmienda Undécima fue propuesta el 4 de marzo de 1794 y ratificada el 7 de febrero de 1795. Sin embargo no se proclamó hasta 1798 debido a retrasos en la certificación de la ratificación.

El poder judicial de los Estados Unidos no debe interpretarse que se extiende a cualquier litigio de derecho o de equidad que se inicie o prosiga contra uno de los Estados Unidos por ciudadanos de otro Estado o por ciudadanos o súbditos de un Estado extranjero.

ENMIENDA XII

ELECCIÓN DEL PRESIDENTE Y VICEPRESIDENTE

La Duodécima Enmienda fue propuesta el 9 de diciembre de 1803 y ratificada el 15 de junio de 1804.

Los electores se reunirán en sus respectivos Estados y elegirán mediante votación secreta al Presidente y Vicepresidente, uno de los cuales, al menos, no será residente del mismo Estado que ellos; en sus papeletas indicarán a la persona a favor de la cual votan para Presidente y en papeletas diferentes a la persona que eligen para Vicepresidente, y formarán listas separadas de todas las personas que reciban votos para Presidente y de todas las personas que reciban votos para Vicepresidente y del número de votos que corresponda a cada una, y firmarán y certificarán las referidas listas y las remitirán selladas a la sede de gobierno de los Estados Unidos, dirigidas al Presidente del Senado; El Presidente del Senado abrirá todos los certificados en presencia del Senado y de la Cámara de Representantes, y los votos serán contados; La persona que tenga el mayor número de votos para Presidente se convertirá en Presidente, siempre que dicho número represente la mayoría de todos los electores nombrados; y si ninguna persona tiene mayoría, entonces de entre las tres personas que tengan el mayor número de votos para Presidente, la Cámara de Representantes, mediante voto secreto, escogerá inmediatamente al Presidente. Debe tenerse presente que al elegir al Presidente la votación se hará por Estados y que la representación de cada Estado gozará de un voto; que para este objeto habrá quórum cuando estén presentes uno o más miembros que representen a las dos terceras partes de los Estados y que será necesaria la mayoría de todos los Estados para una elección. [Y si la Cámara de Representantes no eligiere Presidente, en los casos en que pase a ella el derecho de escogerlo, antes del día cuatro de marzo inmediato siguiente, entonces el Vicepresidente actuará como Presidente, de la misma manera que en el caso de muerte o de otro impedimento constitucional del Presidente.] *(Nota: Reemplazado por la sección 3 de la Duodécima Enmienda.)* La persona que obtenga el mayor número de votos para Vicepresidente será Vicepresidente, siempre que dicho número represente la mayoría de todos los electores nombrados, y si ninguna persona reúne la mayoría, entonces el Senado escogerá al Vicepresidente entre las dos con mayor cantidad de votos que figuren en la lista; para este objeto habrá quórum con las dos terceras partes del número total de Senadores y será necesaria la mayoría del número total para una elección. Pero ninguna persona que no tenga derecho a postular al cargo de Presidente según la Constitución tendrá derecho a postular al cargo de Vicepresidente de los Estados Unidos.

ENMIENDA XIII
ABOLICIÓN DE LA ESCLAVITUD
La Decimotercera Enmienda fue propuesta el 31 de enero de 1865 y ratificada el 6 de diciembre de 1865.

Sección 1. Ni esclavitud ni trabajo forzado, excepto como castigo de un delito del que el responsable haya sido debidamente condenado, existirá dentro de los Estados Unidos ni en ningún lugar sujeto a su jurisdicción.

Sección 2. El Congreso estará facultado para hacer cumplir este artículo por medio de leyes apropiadas.

ENMIENDA XIV
DERECHOS CIVILES
La Decimocuarta Enmienda fue propuesta el 13 de junio de 1866 y ratificada el 9 de julio de 1868.

Sección 1. Todas las personas nacidas o naturalizadas en los Estados Unidos y sometidas a su jurisdicción son ciudadanos de los Estados Unidos y del Estado en que residen. Ningún Estado podrá dictar ni imponer ley alguna que limite los privilegios o inmunidades de los ciudadanos de los Estados Unidos; ni podrá Estado alguno privar a cualquier persona de la vida, libertad o propiedad sin el debido proceso legal; ni negar a cualquier persona que se encuentre bajo su jurisdicción igual protección de las leyes.

Sección 2. Los Representantes se distribuirán proporcionalmente entre los diversos Estados de acuerdo con su respectiva población, en la que se tomará en cuenta el número total de personas en cada Estado, con excepción de los indígenas que no paguen impuestos. Pero cuando el derecho a votar en cualquier elección para escoger los electores para Presidente y Vicepresidente de los Estados Unidos, a los Representantes del Congreso, a los funcionarios ejecutivos y judiciales de un Estado o a los miembros de su legislatura se le niega a cualquiera de los habitantes varones de dicho Estado, que tengan veintiún años de edad *(Nota: Modificado por la sección 1 de la Vigésima Sexta Enmienda.)* y sean ciudadanos de los Estados Unidos, o de cualquier manera disminuida, excepto por motivo de su participación en una rebelión o en algún otro delito, la base de la representación de dicho Estado se reducirá en la misma proporción que el número de dichos ciudadanos varones tenga con respecto al número total de ciudadanos varones de veintiún años en este Estado.

Sección 3. No podrá ser Senador o Representante del Congreso, o elector para Presidente y Vicepresidente, u ocupar ningún cargo civil ni militar, que dependa de los Estados Unidos, o de cualquiera de los Estados, ninguna persona que, habiendo previamente prestado juramento como miembro del Congreso, o como funcionario de los Estados Unidos, o como miembro de cualquier legislatura estatal, o como funcionario ejecutivo o judicial de cualquier Estado, de que sostendría la Constitución de los Estados Unidos, haya participado de una insurrección o rebelión en contra de los mismos, o haya proporcionado ayuda o protección a sus enemigos. Pero el Congreso puede derogar tal interdicción mediante el voto de las dos terceras partes de cada Cámara.

Sección 4. La validez de la deuda pública de los Estados Unidos, que esté autorizada por la ley, incluyendo las deudas contraídas para el pago de pensiones y recompensas por servicios prestados al sofocar insurrecciones o rebeliones, será incuestionable. Pero ni los Estados Unidos ni ningún Estado asumirán ni pagarán deuda u obligación alguna contraídas en ayuda de insurrecciones o rebeliones contra los Estados Unidos, como tampoco reclamación alguna por motivo de la pérdida o emancipación de esclavos, pues todas las deudas, obligaciones y reclamaciones de esa especie se considerarán ilegales y nulas.

Sección 5. El Congreso tendrá facultades para hacer cumplir las disposiciones de este artículo por medio de leyes apropiadas.

ENMIENDA XV
SUFRAGIO DE LAS PERSONAS DE RAZA NEGRA
La Decimoquinta Enmienda fue propuesta el 26 de febrero de 1869 y ratificada el 3 de febrero de 1870.

Sección 1. El derecho de los ciudadanos de los Estados Unidos al voto no será negado ni menoscabado por los Estados Unidos, ni por ningún Estado, por motivos de raza, color o anterior condición de esclavitud.

Sección 2. El Congreso estará facultado para hacer cumplir este artículo mediante leyes apropiadas.

ENMIENDA XVI
IMPUESTO A LOS INGRESOS
La Decimosexta Enmienda fue propuesta el 12 de julio de 1909 y ratificada el 3 de febrero de 1913.

El Congreso tendrá facultades para establecer y recaudar impuestos sobre los ingresos, sea cual fuere la fuente de que provengan, sin prorratearlos entre los diferentes Estados y sin tomar en consideración ningún censo o enumeración.

ENMIENDA XVII
ELECCIÓN DIRECTA DE SENADORES
La Decimoséptima Enmienda fue propuesta el 13 de mayo de 1912 y ratificada el 8 de abril de 1913.

El Senado de los Estados Unidos se compondrá de dos Senadores por cada Estado, elegidos por los habitantes del mismo por seis años; y cada Senador tendrá un voto. Los electores de cada Estado deberán poseer las condiciones requeridas para los electores de la rama más numerosa de la legislatura del Estado.

Cuando ocurran vacantes en la representación de cualquier Estado en el Senado, la autoridad Ejecutiva de aquel Estado convocará a elecciones para cubrir dichas vacantes: *Queda estipulado,* que la legislatura de cualquier Estado puede autorizar a su Ejecutivo a hacer un nombramiento provisional hasta que las vacantes sean cubiertas mediante elecciones en la forma que disponga la legislatura.

Esta enmienda no será interpretada de modo que afecte la elección o el período de cualquier Senador elegido antes de que adquiera validez como parte de la Constitución.

ENMIENDA XVIII

PROHIBICIÓN DE LICORES

La Decimoctava Enmienda fue propuesta el 18 de diciembre de 1917 y ratificada el 16 de enero de 1919. Fue derogada por la Vigésima Primera Enmienda el 5 de diciembre de 1933.

[**Sección 1.** Un año después de la ratificación de este artículo quedará prohibida por la presente, la fabricación, venta o transporte de licores embriagantes dentro de los Estados Unidos y de todos los territorios sometidos a su jurisdicción, así como la importación o exportación de los mismos, con el propósito de usarlos como bebidas.

Sección 2. El Congreso y los diversos Estados poseerán facultades concurrentes para hacer cumplir este artículo mediante leyes apropiadas.

Sección 3. Este artículo no entrará en vigor a menos que sea ratificado con el carácter de enmienda a la Constitución por las legislaturas de los distintos Estados en la forma prevista por la Constitución y en un plazo de siete años a partir de la fecha en que el Congreso lo someta a los Estados.]

ENMIENDA XIX

SUFRAGIO FEMENINO

La Decimonovena Enmienda fue propuesta el 4 de junio de 1919 y ratificada el 18 de agosto de 1920.

El derecho de los ciudadanos de los Estados Unidos al voto no será negado o menoscabado por los Estados Unidos, ni por ningún Estado, por motivos de sexo.

El Congreso estará facultado para hacer cumplir este artículo por medio de leyes apropiadas.

ENMIENDA XX

PERÍODOS DEL PRESIDENTE Y CONGRESO

La Vigésima Enmienda fue propuesta el 2 de marzo de 1932 y ratificada el 23 de enero de 1933.

Sección 1. Los períodos del Presidente y el Vicepresidente terminarán al medio día del veinte de enero, y los períodos de los Senadores y Representantes al medio día del tres de enero, de los años en que dichos períodos habrían terminado si este artículo no hubiera sido ratificado, y en ese momento se iniciarán los períodos de sus sucesores.

Sección 2. El Congreso se reunirá, cuando menos, una vez cada año y dicho período de sesiones se iniciará al mediodía del tres de enero, a no ser que por medio de una ley se fije una fecha diferente.

Sección 3. Si al momento fijado para el comienzo del período presidencial, el Presidente electo hubiera muerto, el Vicepresidente electo se convertirá en Presidente. Si no se hubiere elegido un Presidente antes del momento fijado para el comienzo de su período, o si el Presidente electo no calificare, entonces el Vicepresidente electo se desempeñará como Presidente, hasta que el Presidente haya calificado; y el Congreso podrá prever por medio de una ley para el caso de que ni el Presidente electo ni el Vicepresidente electo calificaren, declarando quien hará las veces de Presidente en ese supuesto, o la forma en que se escogerá a la persona que habrá de actuar como tal, y la referida persona actuará con ese carácter hasta que un Presidente o un Vicepresidente haya calificado.

Sección 4. El Congreso podrá prever mediante una ley para el caso que muera cualquiera de las personas de entre las cuales la Cámara de Representantes podrá elegir un Presidente cuando el derecho de elección le haya sido delegado, así como el caso de que muera alguna de las personas entre las cuales el Senado está facultado para escoger al Vicepresidente cuando el derecho de elección le haya sido delegado.

Sección 5. Las secciones 1 y 2 entrarán en vigor el día quince de octubre siguiente a la ratificación de este artículo.

Sección 6. Este artículo quedará sin efecto a menos que sea ratificado como enmienda a la Constitución por las legislaturas de las tres cuartas partes de los distintos Estados en un plazo de siete años a partir de la fecha de su presentación.

ENMIENDA XXI
DEROGACIÓN DE LA PROHIBICIÓN

La Vigésima Primera Enmienda fue propuesta el 20 de febrero de 1933 y ratificada el 5 de diciembre de 1933.

Sección 1. Queda derogado por el presente el decimoctavo artículo de enmienda a la Constitución de los Estados Unidos.

Sección 2. Se prohíbe por el presente el transporte o importación de licores embriagantes a cualquier Estado, territorio o posesión de los Estados Unidos con el fin de ser entregados o utilizados en dichos lugares en forma contraria a sus respectivas leyes.

Sección 3. Este artículo quedará sin efecto a menos que sea ratificado como enmienda a la Constitución por convenciones en los diversos Estados, en la forma prevista por la Constitución, en un plazo de siete años a partir de la fecha en que el Congreso lo someta a los Estados.

ENMIENDA XXII
LIMITACIÓN DE DOS PERÍODOS PRESIDENCIALES

La Vigésima Segunda Enmienda fue propuesta el 24 de marzo de 1947 y ratificada el 27 de febrero de 1951.

Sección 1. Ninguna persona será elegida para el cargo de Presidente más de dos veces, y ninguna persona que haya desempeñado dicho cargo o que haya actuado como Presidente durante más de dos años de un período para el que se haya elegido a otra persona como Presidente, será elegida para el cargo de Presidente más de una vez. Pero el presente artículo no se aplicará a ninguna persona que ocupe el cargo de Presidente cuando este artículo fue propuesto por el Congreso, ni impedirá que la persona que desempeñe dicho cargo o que actúe como Presidente, durante el período en que dicho artículo entre en vigor, desempeñe el puesto de Presidente o actúe como tal durante el resto del referido período.

Sección 2. Este artículo quedará sin efecto a menos que las legislaturas de tres cuartas partes de los diversos Estados lo ratifiquen como enmienda a la Constitución en un plazo de siete años a partir de la fecha en que el Congreso lo someta a los Estados.

ENMIENDA XXIII

SUFRAGIO EN EL DISTRITO DE COLUMBIA

La Vigésima Tercera Enmienda fue propuesta el 16 de junio de 1960 y ratificada el 29 de marzo de 1961.

Sección 1. El distrito que constituya la sede del Gobierno de los Estados Unidos nombrará, según disponga el Congreso:

Un número de electores para elegir al Presidente y al Vicepresidente, igual al número total de Senadores y Representantes ante el Congreso al que el Distrito tuviera derecho si fuere un Estado, pero en ningún caso será dicho número mayor que el del Estado de menos población; estos electores se sumarán al número de aquellos electores nombrados por los Estados, pero para fines de la elección del Presidente y del Vicepresidente, serán considerados como electores nombrados por un Estado; y celebrarán sus reuniones en el Distrito y cumplirán con los deberes que se estipulan en el vigésimo artículo de enmienda.

Sección 2. El Congreso estará facultado para hacer cumplir este artículo por medio de leyes pertinentes.

ENMIENDA XXIV
IMPUESTOS ELECTORALES

La Vigésima Cuarta Enmienda fue propuesta el 27 de agosto de 1962 y ratificada el 23 de enero de 1964.

Sección 1. El derecho de los ciudadanos de los Estados Unidos a votar en cualquier elección primaria u otra elección para Presidente o Vicepresidente, para electores para Presidente o Vicepresidente, o para Senador o Representante ante el Congreso, no será negado ni coartado por los Estados Unidos ni Estado alguno por motivo de no haber pagado un impuesto electoral o cualquier otro impuesto.

Sección 2. El Congreso estará facultado para hacer cumplir este artículo por medio de leyes apropiadas.

ENMIENDA XXV
INHABILIDAD Y SUCESIÓN PRESIDENCIAL

La Vigésima Quinta Enmienda fue propuesta el 6 de julio de 1965 y ratificada el 10 de febrero de 1967.

Sección 1. En caso de que el Presidente sea depuesto de su cargo, o de su muerte o renuncia, el Vicepresidente se convertirá en Presidente.

Sección 2. Cuando el puesto de Vicepresidente estuviera vacante, el Presidente nombrará un Vicepresidente que tomará posesión de su cargo luego de ser confirmado por voto mayoritario de ambas Cámaras del Congreso.

Sección 3. Cuando el Presidente transmitiera al Presidente pro tempore del Senado y al Presidente de la Cámara de Representantes su declaración escrita de que está imposibilitado de desempeñar los derechos y deberes de su cargo, y mientras no transmitiera a ellos una declaración escrita en sentido contrario, tales derechos y deberes serán desempeñados por el Vicepresidente como Presidente interino.

Sección 4. Cuando el Vicepresidente y una mayoría de los principales funcionarios de los departamentos ejecutivos o de cualquier otra organización que el Congreso autorizara por ley, trasmitieran al Presidente pro tempore del Senado y al Presidente de la Cámara de Representantes su declaración escrita de que el Presidente está imposibilitado de ejercer los derechos y deberes de su cargo, el Vicepresidente asumirá inmediatamente los derechos y deberes del cargo como Presidente interino.

Cuando más tarde el Presidente transmitiera al Presidente pro tempore del Senado y al Presidente de la Cámara de Representantes su declaración escrita indicando que no existe imposibilidad alguna, él asumirá de nuevo los derechos y deberes de su cargo, a menos que el Vicepresidente y una mayoría de los funcionarios principales de los departamentos ejecutivos o de cualquier otra organización que el Congreso haya autorizado por ley, transmitieran en un plazo de cuatro días al Presidente pro tempore del Senado y al Presidente de la Cámara de Representantes una declaración escrita indicando que el Presidente está imposibilitado de ejercer los derechos y deberes de su cargo. En este caso, el Congreso decidirá la solución a adoptarse, para lo cual se reunirá en un plazo de cuarenta y ocho horas, si no estuviera en sesión. Sí el Congreso, en un plazo de veintiún días de recibida la ulterior declaración escrita o, si no está en sesión, en un plazo de veintiún días tras haber sido convocado a reunirse, determinara por voto de las dos terceras partes de ambas Cámaras que el Presidente está imposibilitado de ejercer los derechos y deberes de su cargo, el Vicepresidente continuará desempeñando el cargo como Presidente interino; caso contrario, el Presidente reanudará los derechos y deberes de su cargo.

ENMIENDA XXVI

SUFRAGIO PARA MAYORES DE DIECIOCHO AÑOS

La Vigésima Sexta Enmienda fue propuesta el 23 de marzo de 1971 y ratificada el 1º de julio de 1971.

Sección 1. El derecho a votar de los ciudadanos de los Estado Unidos mayores de dieciocho años de edad no será negado ni reducido por los Estados Unidos ni por Estado alguno a causa de la edad.

Sección 2. El Congreso estará facultado para hacer cumplir este artículo por medio de leyes apropiadas.

ENMIENDA XXVII
REMUNERACIONES DEL CONGRESO

La Vigésima Séptima Enmienda fue propuesta el 25 de septiembre de 1789 y ratificada el 7 de mayo de 1992.

Ninguna ley que varíe la remuneración de los servicios de los Senadores y Representantes tendrá efecto hasta después de que se haya realizado una elección de Representantes.

> *Sólo una enmienda ha derogado una enmienda anterior. La Vigésima Primera Enmienda (1933) derogó la prohibición del alcohol, la que había sido establecida por el Decimoctava Enmienda (1919).*

CITAS FAMOSAS SOBRE LA CONSTITUCIÓN

"... La Constitución de los Estados Unidos es, en mi opinión, la más maravillosa obra jamás realizada en un momento determinado por el pensamiento y el propósito humano".   —W. E. GLADSTONE

"Considero que la diferencia entre un sistema fundado sólo en las legislaturas, y uno fundado en el pueblo, es la diferencia real entre una liga o un tratado y una constitución".   — JAMES MADISON, EN LA
CONVENCIÓN CONSTITUCIONAL, 1787

"Que nuestro gobierno sea como el sistema solar. Que el gobierno general sea como el sol y los estados como los planetas, repelidos y a la vez atraídos, y todo el conjunto moviéndose en forma regular y armoniosa en diversas órbitas".   — JOHN DICKINSON
(DELEGADO DE DELAWARE), 1787

ENMIENDAS PROPUESTAS PERO NUNCA RATIFICADAS

Una de las características más perdurables de nuestra Constitución es su flexibilidad. Al momento de su ratificación, los Estados Unidos tenía una población de aproximadamente 4 millones de personas. Hoy tiene más de 270 millones de habitantes. ¡Desde el momento de su adopción, la Constitución ha sido modificada sólo 27 veces! A decir verdad, desde 1791 (con la inclusión de la Declaración de Derechos Fundamentales) sólo se ha modificado 17 veces, algo extraordinario al considerar los radicales cambios tecnológicos, de infraestructura y población, entre otros, que se han producido en este país durante los últimos doscientos y tantos años.

Los autores de la Constitución se dieron cuenta de que ningún documento podría abarcar todos los cambios que se producirían en el futuro. Para garantizar su longevidad, desarrollaron procedimientos para enmendarla. Para que una enmienda sea aprobada, debe cumplir con los diversos pasos descritos en el Artículo V de la Constitución. Este artículo establece dos métodos para la propuesta y dos para la ratificación de las enmiendas. Una enmienda puede ser propuesta mediante el apoyo de dos tercios de la Cámara de Representantes y el Senado o una convención nacional convocada por el Congreso a solicitud de dos tercios de las legislaturas estatales. El segundo procedimiento nunca se ha utilizado. Luego, la enmienda puede ser ratificada por tres cuartos de las legislaturas estatales (38 estados) o convenciones especiales convocadas por tres cuartos de los estados. La Vigésima Primera Enmienda fue la única que se ratificó de esta última forma. Sin embargo, el Congreso está facultado para decidir qué método de ratificación se utilizará.

El límite de tiempo para el proceso de ratificación de siete años se aplicó por primera vez a la Decimoctava Enmienda. Se han propuesto más de 10,000 enmiendas en el Congreso desde 1789, y menos del uno por ciento ha recibido suficiente apoyo para pasar por el proceso de ratificación constitucional.

En la siguiente lista se incluyen unos pocos ejemplos de enmiendas propuestas que nunca salieron de los salones del Congreso:

1876 Un intento por abolir el Senado de los Estados Unidos

1876 La prohibición de que los líderes religiosos ocupen cargos gubernamentales o reciban fondos federales

1878 Un Consejo Ejecutivo compuesto por tres personas para reemplazar al cargo de Presidente

1893 La propuesta de cambiar el nombre de la nación a "Estados Unidos de la Tierra"

1893 La abolición del Ejército y la Marina de los Estados Unidos

1894 Establecer que la Constitución reconozca a Dios y Jesucristo como las supremas autoridades del género humano

1912 Declarar ilegal el matrimonio entre distintas razas

1914 Declarar ilegal el divorcio

1916 Que todos los actos de guerra sean puestos a consideración del voto popular. Todos los que votarían por "sí" tendrían que inscribirse voluntariamente en las fuerzas militares de los Estados Unidos

1933 El intento de limitar la riqueza personal a $1 millón

1936 Un intento por permitir que el pueblo estadounidense pudiera votar para decidir si los Estados Unidos deben ir o no a la guerra

1938 La prohibición de la ebriedad en los Estados Unidos y todos sus territorios

1947 El impuesto a la renta máximo para una persona no debiera superar el 25% de sus ingresos

1948 El derecho de los ciudadanos de segregarse de los demás

1971 Que los ciudadanos de los Estados Unidos deben tener el derecho enajenable de vivir en un ambiente sin contaminación

LA DECLARACIÓN
DE INDEPENDENCIA

En Congreso el 4 de julio de 1776.
La declaración unánime de los trece Estados
Unidos de América,

CUANDO en el curso de los acontecimientos humanos se hace necesario para un pueblo disolver los lazos políticos que le han unido con otro y asumir entre las potencias de la Tierra, el rango separado e igual, para el cual lo habilitan las leyes de la naturaleza y de su Creador; el respeto decente por la opinión del género humano requiere que él declare las causas que le impelen a la separación.

NOSOTROS creemos que estas verdades son evidentes en sí mismas, que todos los hombres nacen iguales y dotados por su Creador de ciertos derechos inajenables, que entre estos son los principales la vida, la libertad y la búsqueda de la felicidad: que para asegurar estos derechos se instituyeron entre los hombres los gobiernos, derivando sus justos poderes del consentimiento de los pueblos, que siempre que cualquiera forma de gobierno se haga destructiva de estos fines, toca al derecho imprescriptible de la sociedad alterarla o abolirla y establecer otra nueva, basando sus fundamentos sobre aquellos principios y organizando sus poderes de la manera que juzgue más conducente para el efecto de su seguridad y felicidad. La prudencia a la verdad dicta que los gobiernos establecidos no se varíen por causas ligeras y transeúntes; y consta por la experiencia que el género humano está más dispuesto a sufrir, mientras los males sean soportables, que a hacerse justicia aboliendo las formas de gobierno a que ha estado acostumbrado. Pero cuando una larga serie de abusos y usurpaciones, continuando invariablemente al mismo fin, hace patente que el designio de los gobernantes es oprimir al pueblo con absoluto despotismo, toca al derecho de éste y a su deber el desechar un gobierno semejante y proveer nuevas guardas para su seguridad futura. Tal

59

ha sido el paciente sufrimiento de estas colonias; y tal es ahora la necesidad que las compele a alterar su antiguo sistema de gobierno. La historia del presente Rey de Gran Bretaña, es una historia de repetidas injurias y usurpaciones, cuyo objeto principal es y ha sido el establecimiento de una absoluta tiranía sobre estos estados. Para probar esto, sometemos los hechos al juicio de un mundo imparcial.

Él ha rehusado asentir a las leyes más convenientes y necesarias al bien público de estas colonias.

Ha prohibido a sus gobernadores sancionar aquéllas que eran de inmediata y urgente necesidad a menos que se suspendiese su ejecución hasta obtener su consentimiento, y estando así suspensas las ha desatendido enteramente.

Ha reprobado las providencias dictadas para la repartición de distritos de los pueblos, a menos que estos renunciasen al derecho de representación en sus legislaturas, derecho inestimable para ellos y formidable sólo para los tiranos.

Ha convocado cuerpos legislativos fuera de los lugares acostumbrados, y en sitios incómodos y distantes del depósito de sus registros públicos con el único fin de molestarlos hasta obligarlos a convenir con sus medidas.

Ha disuelto reiteradamente las cámaras de representantes por oponerse firme y valerosamente a las violencias ejercidas contra los derechos del pueblo.

Se ha rehusando por largo tiempo después de dichas disoluciones a que se eligiesen otras, por lo que los poderes legislativos incapaces de aniquilación han recaído sobre el pueblo para su ejercicio, quedando el estado entre tanto expuesto a todos los peligros de una invasión exterior y de convulsiones internas.

Él se ha esforzado por impedir el poblamiento de estos estados, obstruyendo con este fin las leyes para la naturalización de los extranjeros, rehusando sancionar otras para promover la migración hacia ellos, y aumentando las condiciones para adquirir nuevas propiedades en estas tierras.

En el orden judicial ha obstruido la administración de justicia, oponiéndose a las leyes necesarias para consolidar la autoridad de los tribunales.

Ha hecho que los jueces dependan exclusivamente de su voluntad, para el nombramiento de sus cargos y el monto y pago de sus sueldos.

Ha establecido multitud de nuevos cargos y mandando un enjambre de funcionarios para oprimir a nuestro pueblo y empobrecerlo con sus estafas y rapiñas.

Ha mantenido en tiempo de paz entre nosotros tropas armadas, sin el consentimiento de nuestra legislatura.

Ha procurando hacer a los militares independientes y superiores al poder civil.

Ha combinando con nuestros vecinos, con plan despótico para sujetarnos a una jurisdicción extraña a nuestras leyes y no reconocida por nuestra constitución, dando su consentimiento a sus actos de pretendida legislación:

Por albergar grandes cuerpos de tropas armadas entre nosotros:

Por protegerlos mediante juicios ficticios del castigo merecido por asesinatos cometidos en contra de los habitantes de estos estados:

Por impedir nuestro comercio en todas las partes del mundo:

Por imponer contribuciones sin nuestro consentimiento:

Por privarnos en muchos casos de las defensas que proporciona el juicio por jurados:

Por transportarnos más allá de los mares para ser juzgados por presuntos delitos:

Por abolir el libre sistema de la ley inglesa en una provincia vecina y establecer allí un gobierno arbitrario y expandir sus fronteras con el fin de que sirva de ejemplo e instrumento apropiado para introducir el mismo tipo de gobierno absoluto en estas colonias:

61

Por privarnos de nuestras cartas constitucionales, abolir nuestras leyes más valiosas y alterar fundamentalmente las formas de nuestros gobiernos:

Por suspender nuestras propias legislaturas y declararse el mismo investido con el poder de dictar leyes para nosotros en todos los casos, cualesquiera que fuesen.

Él ha abdicado al derecho que tenía para gobernarnos, al ponernos fuera de su protección y declararnos la guerra.

Ha hecho el pillaje en nuestros mares, asolado nuestras costas, quemado nuestros poblados y quitado la vida a nuestros conciudadanos.

En este momento, nos envía numerosos ejércitos compuestos por mercenarios extranjeros para completar la obra de muerte, desolación y tiranía comenzada y continuada en circunstancias de crueldad y perfidia, escasamente igualadas en las épocas más barbáricas de la historia y totalmente indignas del jefe de una nación civilizada.

Ha compelido a nuestros conciudadanos hechos prisioneros en alta mar a llevar armas contra su patria y constituirse en verdugos de sus hermanos y amigos o a ser muertos por ellos.

Ha incitado insurrecciones entre nosotros y procurado igualmente irritar contra nosotros a los habitantes de nuestras fronteras, los indios bárbaros y feroces cuyo método conocido de hacer la guerra es la destrucción de todas las edades, sexos y condiciones.

En cada etapa de estas opresiones, nosotros hemos suplicado por reparaciones en los términos más humildes: nuestras reiteradas súplicas han sido contestadas solamente por reiteradas injurias. Un príncipe, pues, cuyo carácter está así marcado por todos los actos que pueden definir a un tirano, no es apto para ser el gobernante de un pueblo libre.

Tampoco hemos faltado a la consideración debida hacia nuestros hermanos los habitantes de la Gran Bretaña. Les hemos advertido de tiempo en tiempo sobre el atentado cometido por su legislatura al extender una ilegítima jurisdicción sobre nosotros. Les hemos recordado las circunstancias de nuestra emigración y establecimiento en estas tierras. Hemos apelado a su natural justicia y magnanimidad, conjurándolos por los vínculos de nuestro origen común a desautorizar estas usurpaciones que inevitablemente acabarían por interrumpir nuestra correspondencia y conexiones. Ellos también han sido sordos a la voz de la justicia y consanguinidad. Nosotros debemos por tanto someternos a la necesidad que anuncia nuestra separación y considerarlos como al resto del género humano, enemigos en la guerra, y en la paz amigos.

Por lo tanto, nosotros los representantes de los ESTADOS UNIDOS DE AMÉRICA constituidos en Congreso General, apelando al Juez Supremo del Universo y por la rectitud de nuestras intenciones, en el nombre y con la autoridad del buen pueblo de estas colonias, publicamos y declaramos solemnemente que estas Colonias Unidas son, y por derecho deben ser, ESTADOS LIBRES E INDEPENDIENTES. Que están absueltas de toda obligación de fidelidad para con la corona británica y que toda conexión política entre ellas y el estado de Gran Bretaña es y debe ser totalmente disuelta, y que como ESTADOS LIBRES E INDEPENDIENTES, tienen pleno poder para hacer la guerra, establecer la paz, contraer alianzas, establecer comercio y hacer todos los otros actos que los ESTADOS INDEPENDIENTES pueden por derecho efectuar. Y para sostener esta declaración, con una firme confianza en la protección divina, nosotros empeñamos mutuamente nuestras vidas, nuestras fortunas y nuestro sagrado honor.

FECHAS PARA RECORDAR

(Los Artículos de Confederación)

1º de marzo de 1781: El estado de Maryland ratifica oficialmente los Artículos de Confederación y el documento entra en vigencia. Al día siguiente, el Congreso toma el nombre de "Los Estados Unidos Constituidos en Congreso".

20 de junio de 1782: El Congreso de la Confederación adopta oficialmente el Gran Sello de los Estados Unidos.

11 de enero de 1785: El Congreso se traslada a Nueva York, la que se convierte en la capital temporal de los Estados Unidos de América.

11 al 14 de septiembre de 1786: Se convoca a una reunión en Annapolis, Maryland, para analizar la inestabilidad económica del país bajo los Artículos de Confederación. Sólo asisten a la reunión cinco estados, pero se convoca a otra reunión en Filadelfia para el año siguiente con el propósito expreso de modificar los Artículos de Confederación.

26 de septiembre de 1786: Estalla una rebelión en Massachusetts encabezada por Daniel Shays, un ex capitán en la Guerra Revolucionaria. La rebelión se debe a las condiciones económicas inestables de los granjeros en la parte oeste del estado.

4 de febrero de 1787: Una milicia formada por el estado de Massachusetts pone fin a la Rebelión de Shays. Aunque la rebelión no tiene éxito, se alzan voces en el estado para evitar los impuestos directos, bajar los costos de los tribunales y ofrecer algunas exenciones al proceso de deuda. La rebelión también alarma a los patriotas conservadores del país y ayuda a crear conciencia sobre la necesidad de una constitución federal más fuerte.

21 de febrero de 1787: El Congreso aprueba oficialmente la reunión que se realizará en Filadelfia el 14 de mayo de 1787 para revisar los Artículos de Confederación.

UNA INTRODUCCIÓN A LOS ARTÍCULOS DE CONFEDERACIÓN

La primera constitución de los Estados Unidos

La primera constitución de nuestro país fueron los Artículos de Confederación. Con los Artículos de Confederación hicimos pequeños avances como nación. El gobierno condujo los asuntos del país durante los dos últimos años de la Guerra Revolucionaria, ayudó a negociar el Tratado de París en 1783 y promulgó dos leyes fundamentales: la Ordenanza Territorial de 1785 y la Ordenanza del Noroeste de 1787.

Aunque los Artículos de Confederación eran un plan de gobierno basado en los principios que se defendieron en la Guerra Revolucionaria de los Estados Unidos, contenían fallas cruciales. No tenían autoridad para fijar impuestos nacionales ni controlar el comercio y establecían un poder ejecutivo comparativamente débil. Por lo tanto, no podían hacer cumplir las leyes. Era una "liga de amigos" que se oponía a cualquier tipo de autoridad nacional. La mayor debilidad de los Artículos de Confederación, sin embargo, era que su autoridad no emanaba directamente del pueblo, sólo reconocía la soberanía de los estados. Por lo tanto, cada estado tenía el poder de cobrar sus propios impuestos, emitir su propio dinero y formar su propia milicia. El gobierno no podía gobernar en forma eficaz debido a una falta generalizada de poder para obligar a los estados a honrar sus obligaciones nacionales. La principal actividad del gobierno era controlar la política exterior y firmar tratados. La credibilidad económica era un problema fundamental, pues el gobierno debía $42 millones (más de $33 mil millones actuales) después de la Guerra Revolucionaria, y el dinero se debía en su mayor parte a patriotas estadounidenses. Esta obligación financiera no se pagó en su totalidad sino hasta principios del siglo XIX.

Hubiera sido muy difícil que nuestro país pudiera haber creado una segunda constitución más fuerte sin haber aprendido de los errores de la primera. Los Artículos de Confederación sirvieron de "transición" entre la Guerra Revolucionaria y la Constitución.

JOHN HANSON
El primer presidente de los Estados Unidos

Cuando pensamos en el Presidente de los Estados Unidos, muchas personas no se dan cuenta de que en verdad nos referimos a los presidentes electos conforme a la Constitución de los Estados Unidos. Todos saben que el primer presidente en ese sentido fue George Washington. Pero de hecho, en los Artículos de Confederación, la carta fundamental antecesora de la Constitución, también se creó el cargo de presidente, aunque fuera uno con pocos poderes. Bajo los Artículos de Confederación, se nombraron ocho personas para servir como presidente durante períodos de un año. El primero de ellos fue John Hanson en 1781. Su título exacto fue: "Presidente de los Estados Unidos Constituidos en Congreso".

Como en los Artículos de Confederación no se "definían" específicamente los poderes del Presidente, bajo la dirección de John Hanson se crearon diversos ministerios gubernamentales. Sólo él tenía autoridad para intercambiar correspondencia y negociar con gobiernos extranjeros. Durante su año en el cargo, aprobó el Gran Sello de los Estados Unidos, vigente hasta el día de hoy, y ayudó a establecer el primer Ministerio de Hacienda de los Estados Unidos. Encabezó los esfuerzos por garantizar la formación de estados en los Territorios Occidentales más allá de los Montes Apalaches que habían sido controlados por algunas de las trece colonias originales.

Con motivo de su fallecimiento el 21 de noviembre de 1783, se publicó la siguiente elegía en el periódico *Maryland Gazette*:

"Así ha concluido la carrera de uno de los más grandes estadistas de los Estados Unidos. Aunque sea ahora prácticamente un desconocido para nuestro pueblo, y para casi todas las generaciones que han vivido desde sus días, su gran obra, la nación que ayudó a forjar, permanece como justo tributo a su memoria . . .".

LOS ARTÍCULOS
DE CONFEDERACIÓN

A todos los que llegase este documento, nosotros los Delegados firmantes de los Estados adjuntos a nuestros nombres les extendemos nuestros saludos.

Los Artículos de Confederación y Unión Perpetua entre los Estados de Nueva Hampshire, Massachusetts-bay Rhode Island y Providence Plantations, Connecticut, Nueva York, Nueva Jersey, Pensilvania, Delaware, Maryland, Virginia, Carolina del Norte, Carolina del Sur y Georgia.

Artículo I

La denominación de esta Confederación será "Los Estados Unidos de América".

Artículo II

Cada estado conserva su soberanía, libertad e independencia, así como todo poder, jurisdicción y derecho no delegados expresamente por esta Confederación a los Estados Unidos cuando actúen por medio de su Congreso.

Artículo III

Los Estados mencionados constituyen por el presente acto una firme liga de amistad entre sí, para su defensa común, la protección de sus libertades y su bienestar mutuo y general, y se obligan a auxiliarse unos a otros en contra de toda violencia que se ejerza a todos o cualquiera de ellos, o ataque que se les lance, por motivos religiosos, de soberanía, comerciales o con cualquier otro pretexto.

Artículo IV

Con el fin de asegurar y perpetuar mejor el intercambio y la amistad recíprocos entre los pueblos de los diferentes Estados incluidos en esta Unión, los habitantes libres de cada uno, hecha excepción de los indigentes, vagabundos y prófugos de la justicia, tendrán derecho a todos los privilegios e inmunidades de los ciudadanos libres de los diversos Estados y los habitantes de cada Estado podrán entrar libremente en cualquier otro y salir de él en la misma forma, así como gozar de todos los privilegios industriales y comerciales, pero quedando sujetos a las mismas obligaciones, cargas y restricciones de los habitantes del Estado de que se trate, siempre y cuando dichas restricciones no impidan que los bienes importados en cualquier Estado puedan ser extraídos de él o transportados al Estado en que habita su propietario; con la condición, asimismo, de que ningún Estado podrá establecer impuesto, derechos o limitación algunos sobre las propiedades de los Estados Unidos o de cualquiera de ellos.

Si cualquier persona condenada por traición, un crimen o cualquier otro delito grave, o inculpada por ellos en un Estado, huye de la justicia y se la encuentra en alguno de los Estados Unidos, deberá ser entregada al Estado que posea jurisdicción sobre el caso y trasladada al mismo, al solicitarlo el Gobernador o Poder Ejecutivo del Estado del que se halle prófuga.

En cada uno de estos Estados se dará entera fe y crédito a los registros, actos y procedimientos judiciales de los tribunales y magistrados de todos los demás.

Artículo V

Para la mejor gestión de los intereses generales de los Estados Unidos, anualmente, y de la manera que prescriba la legislatura de cada Estado, se nombrarán delegados que deberán reunirse en un Congreso el primer lunes de noviembre de cada año, en el concepto de que los Estados se reservan la facultad de retirar a todos sus delegados o a alguno de ellos, en cualquier época del año y de enviar otros en su lugar para lo que reste de ese período.

Ningún Estado tendrá menos de dos representantes en el Congreso, ni más de siete, y ninguna persona podrá ser delegada más de tres años durante un período de seis, ni se permitirá que los delegados ocupen cargo alguno que dependa de los Estados Unidos, por el cual reciban directa o indirectamente un sueldo, honorario o retribución de cualquier clase.

Cada Estado proveerá al sostenimiento de los delegados que envíe a las reuniones de los Estados, así como de los que sean miembros del comité de los Estados, durante el tiempo que funcionen como tales.

Cada Estado gozará de un voto al resolverse cualquier cuestión por los Estados Unidos Constituidos en Congreso.

La libertad de expresión y discusión en el Congreso no dará motivo a juicios políticos ni acusaciones en tribunal alguno ni en otro lugar fuera del Congreso y los miembros de éste se hallarán a salvo de arrestos y prisión durante el tiempo que empleen en dirigirse a él, asistir a sus sesiones y regresar de ellas, a no ser por causa de traición, crimen o perturbación del orden público.

Artículo VI

Ningún Estado podrá, sin consentimiento de los Estados Unidos Constituidos en Congreso, acreditar o recibir embajadores, ni celebrar conferencias, acuerdos, alianzas o tratados con ningún monarca, príncipe o Estado; tampoco será lícito a persona alguna que ocupe un puesto remunerado o de confianza de los Estados Unidos o de cualquiera de éstos, aceptar cualquier dádiva, retribución, empleo o título, de parte de un monarca, príncipe o Estado extranjero, y ni los Estados Unidos constituidos en Congreso, ni ninguno de ellos, estarán facultados para conceder títulos de nobleza.

Dos o más Estados no podrán celebrar entre sí tratados, confederaciones ni alianzas, sean de la clase que fueren, sin el consentimiento de los Estados Unidos Constituidos en Congreso, en que se especifiquen exactamente los propósitos a que tiende y el tiempo que estará vigente el tratado, confederación o alianza de que se trate.

A ningún Estado se le permitirá imponer contribuciones o derechos que puedan hallarse en oposición con las estipulaciones de los tratados que concierten los Estados Unidos Constituidos en Congreso, con cualquier monarca, príncipe o Estado, de conformidad con los tratados propuestos con anterioridad por dicho Congreso a las cortes de Francia y España.

Los Estados no podrán sostener navíos de guerra en tiempo de paz, como no sea en el número que los Estados Unidos Constituidos en Congreso juzguen necesario para la defensa del Estado en cuestión o de su comercio; ni mantener fuerzas militares en tiempo de paz, salvo, únicamente en la cantidad que a juicio de los Estados Unidos Constituidos en Congreso sea precisa para guarnecer los fuertes que requiera la defensa del Estado a quien se le otorgue permiso al efecto; pero todo Estado conservará en todo tiempo una milicia bien organizada y disciplinada, dotada de armas y pertrechos suficientes, y proveerá y tendrá en arsenales públicos, constantemente listas para utilizarlas, el número debido de piezas de artillería de campo, de tiendas, armas, municiones y equipo para campamento.

Se prohíbe a los Estados emprender la guerra sin autorización de los Estados Unidos Constituidos en Congreso, excepto cuando un Estado sea invadido por el enemigo o posea noticias ciertas en el sentido de que alguna nación india ha determinado invadirlo y el peligro sea tan inminente que no permita esperar a que se consulte a los Estados Unidos Constituidos en Congreso; abanderar buques o navíos de guerra o expedir patentes de corso o represalia, salvo después de que los Estados Unidos Constituidos en Congreso hayan declarado la guerra y solamente contra el reino o Estado objeto de dicha declaración y contra los súbditos del mismo, y con sujeción a las reglas que el referido Congreso establezca, exceptuándose el caso de que un Estado se halle infestado por piratas, en el cual será lícito equipar navíos de guerra para combatirlos, así como sostener a dichas embarcaciones entre tanto la amenaza continúe o hasta que los Estados Unidos Constituidos en Congreso determinen otra cosa.

Artículo VII

Cuando algún Estado reclute fuerzas terrestres para la defensa común, todos los oficiales hasta el grado de coronel serán designados por la legislatura del referido Estado que haya levantado dicha tropa o de la manera que dispusiere y todas las vacantes serán cubiertas por el Estado autor de las designaciones originales.

Artículo VIII

Todos los costos como consecuencia de la guerra y todos los gastos a que den lugar la defensa común o el bienestar general y que hayan sido autorizados por los Estados Unidos Constituidos en Congreso se sufragarán mediante una hacienda común, la que se alimentará por los diversos Estados proporcionalmente al valor de la tierra de cada uno que haya sido otorgada a alguna persona o deslindada por ella, entendiéndose que tanto dicha tierra como los edificios que contenga y sus mejoras se tasarán conforme al sistema que los Estados Unidos Constituidos en Congreso señalen al efecto de tiempo en tiempo.

Los impuestos destinados a cubrir la proporción antes indicada se decretarán y recaudarán por orden y autoridad de las legislaturas de los distintos Estados, dentro de los plazos que aprueben los Estados Unidos Constituidos en Congreso.

Artículo IX

Los Estados Unidos Constituidos en Congreso tendrán el derecho y poder, únicos y exclusivos, de decidir sobre la paz y la guerra, excepto en los casos que menciona el artículo sexto; de enviar y recibir embajadores; de celebrar tratados y alianzas, con tal de que ningún tratado de comercio coarte la facultad de las legislaturas de los distintos Estados; de exigir a los extranjeros los mismos impuestos y derechos a que estén sujetos sus habitantes o de prohibir la importación o exportación de cualquier género de artículos o mercancías; de expedir reglas para resolver en todos los casos qué posesiones incautadas en mar o tierra serán legales y de qué manera serán divididas o adjudicadas cuando su captura se deba a las fuerzas terrestres o navales al servicio de los Estados Unidos; de otorgar patentes de corso y represalia en tiempo de paz; de integrar tribunales que juzguen los delitos y piraterías que se cometan en alta mar y de establecer tribunales que deban conocer de apelaciones en todos los casos de posesiones incautadas y resolver en definitiva sobre ellos, a condición de que los miembros del Congreso no sean designados como jueces de los referidos tribunales.

Los Estados Unidos Constituidos en Congreso serán también jueces de última instancia cuando se apele cualesquiera disputa y controversia que exista actualmente o surgiere en el futuro, entre dos o más Estados, con respecto a sus fronteras, jurisdicción o toda otra causa, y esta autoridad se ejercerá de la siguiente manera. Cuando la autoridad legislativa o ejecutiva o un apoderado legítimo de cualquier Estado que tenga un conflicto con otro, presente una demanda al Congreso en que se exponga el asunto en cuestión y se solicite que se le oiga sobre el mismo, el Congreso dispondrá que se notifique a la autoridad legislativa o ejecutiva del otro Estado que participe en la controversia y fijará fecha para la comparecencia de las partes por medio de representantes con arreglo a derecho, a quienes se ordenará que de común acuerdo nombren comisionados o jueces que formen un tribunal encargado de oír el caso en disputa y de emitir su fallo al respecto: pero si no pudieran lograr un acuerdo, el Congreso propondrá a tres personas provenientes de cada uno de los Estados Unidos y cada parte tachará alternativamente un nombre de la lista así formada, empezando por el demandante, hasta que el número de ellos se reduzca a trece; de dicho número se tomarán al azar en presencia del Congreso no menos de siete nombres ni más de nueve, según disponga esta corporación, y las personas cuyos nombres se obtengan de la manera descrita, o cinco cualesquiera de ellas, serán los comisionados o jueces a quienes competerá tomar conocimiento de la controversia y resolverla en definitiva, con tal de que la mayoría de los jueces que entiendan en la causa concurran en la sentencia:

y si cualquiera de las partes no llegase a estar presente el día señalado y no tuviere para ello motivos que el Congreso estime justificados o si, estándolo, se negare a tachar los nombres, el Congreso procederá a proponer a las tres personas procedentes de cada Estado y el secretario de dicho cuerpo a tachar en representación de la parte ausente o renuente, y la sentencia del tribunal que se nombre en la forma antes prescrita será definitiva y pondrá término al litigio; y si cualquiera de las partes rehusare someterse a la autoridad de semejante tribunal o comparecer o defender su demanda o causa, el tribunal procederá, no obstante, a pronunciar sentencia, que también será definitiva y concluyente, y en ambos casos la sentencia y las acusaciones se archivarán con los documentos del Congreso para seguridad de las partes interesadas: en el concepto de que antes de que cada comisionado forme parte del tribunal, deberá prestar juramento ante uno de los jueces del tribunal supremo o superior del Estado en que se ventile la causa, de oír y fallar bien y lealmente el asunto en cuestión, conforme a lo mejor de su inteligencia, sin favoritismo, inclinación, ni esperanza de recompensa: no obstante, se estipula que a ningún Estado se lo privará de su territorio para beneficio de los Estados Unidos.

Todas las controversias que se refieran a derechos privados sobre tierras, que se reclamen en virtud de diferentes concesiones de dos o más Estados, se resolverán en definitiva, al solicitarlo ante el Congreso de los Estados Unidos cualquiera de las partes, en cuanto sea posible en la misma forma prescrita para la decisión de las disputas entre los Estados sobre su jurisdicción territorial. Será preciso que las jurisdicciones de los Estados concedentes hayan sido definidas en lo que respecta a dichas tierras y frente a los demás Estados que aprobaron las concesiones, así como que a la vez se sostenga que las concesiones de que se habla o cualquiera de ellas, se hayan extendido antes del arreglo celebrado en materia de jurisdicción.

Los Estados Unidos Constituidos en Congreso poseerán asimismo el derecho y poder, únicos y exclusivos, de regular la aleación y el valor de la moneda que se acuñe por mandato de ellos o de los respectivos Estados; de fijar patrones para los pesos y medidas en todos los Estados Unidos; de regular el comercio y manejar todas las relaciones con los indios que no sean miembros de ninguno de los Estados, siempre que no infrinjan ni desconozcan las facultades legislativas de Estado alguno dentro de sus fronteras particulares; de establecer y reglamentar oficinas de correos de un Estado a otro en todo el territorio de los Estados Unidos y de cobrar por los documentos que pasen a través de las mismas el parte que sea preciso para costear los gastos de dichas oficinas; de nombrar a todos los oficiales de las fuerzas terrestres que estén al servicio de los Estados Unidos, a excepción de los jefes de los regimientos; de nombrar a todos los oficiales de las fuerzas navales, y de entregar las comisiones de servicio a todos los oficiales al servicio de los Estados Unidos; de formular las reglas necesarias para el gobierno y ordenanza de dichas fuerzas de tierra y mar y de dirigir sus operaciones.

Los Estados Unidos Constituidos en Congreso tendrán autoridad para designar un comité que funcione durante el receso de dicho cuerpo y se denominará "Comité de los Estados", el cual se compondrá de un delegado por parte de cada Estado; para designar los demás comités y funcionarios civiles que puedan ser necesarios para administrar los asuntos generales de los Estados Unidos bajo su dirección y para nombrar a uno de sus miembros que presida, en el concepto de que a ninguna persona se le permitirá que desempeñe el cargo de Presidente durante más de un año en cualquier período de tres; para determinar las sumas de dinero que se requieran y que habrán de recaudarse para las actividades de los Estados Unidos y para autorizar su distribución y erogarlas para costear los gastos públicos; para tomar dinero prestado o emitir pagarés comprometiendo el crédito de los Estados Unidos y debiendo trasmitir a los Estados individuales cada medio año una relación de las sumas que se reciban en préstamo o emitan de esta manera; para construir y equipar una fuerza naval; para ponerse de acuerdo sobre la cantidad de fuerzas terrestres y para dirigir requisiciones a cada Estado para que suministre su cuota en proporción al número de habitantes blancos de cada Estado: dicha requisición será obligatoria y en vista de ella la legislatura de cada Estado nombrará los oficiales pertenecientes a cada regimiento, reclutará los soldados, los vestirá, armará y equipará en forma marcial, a expensas de los Estados Unidos, y los oficiales y soldados así vestidos, armados y equipados deberán dirigirse al lugar fijado al efecto, dentro del tiempo señalado por los Estados Unidos constituidos en Congreso. Pero si los Estados Unidos Constituidos en Congreso, tomando en cuenta las circunstancias que concurran, juzgaren conveniente que algún Estado no reclute tropas o que lo haga en número inferior a su cuota y que algún otro reclute una cantidad superior a la que le corresponde, este contingente extraordinario será reclutado, provisto de oficiales, vestido, armado y equipado según el mismo sistema de la cuota del Estado de que se trate, a no ser que la legislatura del mismo considere que no se puede prescindir sin peligro de tal número adicional, caso en el cual reclutará, proveerá de oficiales, vestirá, armará y equipará la proporción de dicha cantidad suplementaria de que estime que pueda prescindirse con seguridad. Y los oficiales y soldados a quienes se vista, arme y equipe como se ha explicado, se dirigirán al lugar indicado dentro del tiempo que haya acordado el Congreso de los Estados Unidos.

Los Estados Unidos Constituidos en Congreso nunca participarán en una guerra, ni expedirán patentes de corso y represalia en tiempos de paz, ni celebrarán tratados o alianzas, ni acuñarán moneda, ni fijarán el valor de la misma, ni determinarán los gastos y sumas necesarios para la defensa y el bienestar de los Estados Unidos, ni de cualquiera de ellos, ni emitirán pagarés, ni tomarán dinero prestado comprometiendo el crédito de los Estados Unidos, ni lo erogarán, ni acordarán el número de los navíos de guerra que habrán de ser construidos o comprados, o la cantidad de fuerzas de tierra o mar que deberán reclutarse, ni designarán un comandante en jefe del ejército o la marina, a no ser que nueve Estados den su asentimiento al efecto: ni tampoco se resolverá ninguna cuestión relativa a otra materia, salvo lo referente a aplazar las sesiones de un día para otro, como no sea mediante el voto de la mayoría de los Estados Unidos Constituidos en Congreso.

El Congreso de los Estados Unidos estará facultado para suspender sus sesiones a fin de continuarlas en cualquier época dentro del año y en cualquier lugar de los Estados Unidos, siempre que el período de suspensión no dure más allá de seis meses, y publicará cada mes una relación diaria de sus labores, hecha excepción de aquellas partes que se relacionen con tratados, alianzas u operaciones militares y a su juicio deban mantenerse en reserva, y en el diario se harán constar los votos afirmativos o negativos de los delegados de cada Estado sobre cualquier cuestión, cuando así lo solicite un delegado, y a los delegados de cualquier Estado o a alguno de ellos que lo soliciten se les proporcionará copia de dicha relación diaria, salvo las porciones que se exceptúen según los antedicho, con el objeto de que la den a conocer a las legislaturas de los diversos Estados.

Artículo X

El Comité de los Estados, o nueve cualesquiera de sus miembros, estarán autorizados para ejercitar durante los recesos del Congreso aquellas de las facultades de éste que los Estados Unidos Constituidos en Congreso estimen conveniente conferirles de tiempo en tiempo, mediante el consentimiento de nueve Estados, a condición de que no podrá delegarse a dicho Comité potestad alguna para cuyo ejercicio estos Artículos de Confederación exijan el voto de nueve Estados reunidos en el Congreso.

Artículo XI

Al adherirse el Canadá a esta Confederación y a las disposiciones dictadas por los Estados Unidos, tendrá derecho a todos los beneficios de esta Unión y será admitido en ella; pero no se admitirá a ninguna otra colonia, a menos de que tal admisión sea aceptada por nueve Estados.

Artículo XII

Todos los pagarés que se emitan, las cantidades que se reciban en préstamo y las deudas que se contraigan con autorización del Congreso antes de que se reúnan los Estados Unidos en cumplimiento de la presente confederación, se estimarán y considerarán que son a cargo de los Estados Unidos y que para su pago y finiquito se comprometen solemnemente en este acto los mencionados Estados Unidos y la fe pública.

Artículo XIII

Cada Estado acatará las decisiones de los Estados Unidos Constituidos en Congreso con relación a todas las cuestiones que somete a ellos esta Confederación. Y los Artículos de Confederación serán observados en forma inviolable por todos los Estados y la Unión será perpetua, y tampoco se hará en lo sucesivo alteración alguna en ninguno de ellos, a menos de que tal reforma sea aprobada en un Congreso de los Estados Unidos y confirmada en seguida por las legislaturas de todos los Estados.

Y dado que quiso el Gran Gobernador del Mundo mover los corazones de las legislaturas a las que respetuosamente representamos en el Congreso a que aprobaran dichos Artículos de Confederación y Unión perpetua y nos autorizan para ratificarlos; sabed que nosotros, los delegados que suscribimos, por el presente ratificamos y confirmamos plenamente y en su integridad todos y cada uno de los referidos Artículos de Confederación y Unión perpetua y todas y cada una de las materias y cosas que contienen los mismos, en ejercicio del mandato y facultades que se nos confirieron al efecto: y empeñamos y obligamos solemnemente la palabra de nuestros respectivos electores en el sentido de que acatarán las determinaciones de los Estados Unidos Constituidos en Congreso con relación a todas las cuestiones que les somete esta Confederación. Y que los Artículos que la forman serán observados inviolablemente por los Estados que respectivamente representamos y que la Unión será perpetua.

Como testimonio de lo cual firmamos este documento de nuestra propia mano en el Congreso. Dado en Filadelfia, en el estado de Pensilvania, el nueve de julio del año de Nuestro Señor mil setecientos setenta y ocho, y tercero de la independencia de los Estados Unidos de América.

Acordado por el Congreso
15 de noviembre de 1777
En vigencia tras la ratificación de Maryland, el 1º de marzo de 1781

CITAS FAMOSAS
SOBRE LA DEMOCRACIA

"Un gobierno libre es una complicada maquinaria, cuyo ajuste exacto y preciso de muelles, ruedas y pesas, aún no es comprendido cabalmente por los artistas de la época y menos aún por el pueblo".

—JOHN ADAMS A THOMAS JEFFERSON
19 DE MAYO DE 1821

"En los países libres, cada hombre tiene derecho a expresar su opinión y los demás el derecho a no escucharlo".

—G. NORMAN COLLIE

"En una democracia, las personas no sólo tienen el poder ulterior sino que también la responsabilidad final".

—NORMAN COUSINS

"Nunca se puede hacer una revolución para establecer una democracia. Se debe tener una democracia para poder hacer una revolución".

—GILBERT K. CHESTERTON

"La democracia es la forma de gobierno que le da a cada persona el derecho de ser su propio opresor".

—JAMES RUSSELL LOWELL

INFORMACIÓN FASCINANTE
SOBRE LA CORTE SUPREMA

★★★★★

Cuando la Corte sesionó por primera vez en 1790, todavía perduraba la tradición de que los jueces usaran pelucas. El Juez William Cushing fue el único que llegó a la corte con la peluca blanca que había usado en el tribunal de Massachusetts. Las burlas que recibió de los niños afuera del tribunal aparentemente inclinaron la balanza contra los tocados y aceptó el consejo de Thomas Jefferson: "Por el amor de Dios, desechen esas pelucas monstruosas que hacen que los jueces ingleses se vean como ratas mirando a través de un montón de estopa".

★★★★★

Durante su primer período de sesiones (1790), la Corte Suprema no tuvo ninguna lista de causas por juzgar ni tomó ninguna decisión. Cuando la capital de la nación se trasladó a Washington, D. C., en 1800, ni siguiera tenía un tribunal. El Congreso le proporcionó una pequeña sala de comité en el sótano del Capitolio, donde la Corte permaneció hasta la Guerra Civil.

★★★★★

En 1789, el salario del Presidente de la Corte Suprema era de $4,000 y el de los demás jueces integrantes $3,500. Para el año 2006, el salario del Presidente de la Corte Suprema había aumentado a $212,100 y el de los jueces integrantes a $203,200.

★★★★★

El tradicional "saludo de conferencia" se inició con el Presidente de la Corte Suprema Melville W. Fuller a fines de siglo XIX. Antes de sentarse en el estrado, los jueces se dan la mano entre ellos. El Presidente Fuller estableció esta práctica como una forma de recordarle a los jueces que aunque tengan diferencias de opinión, comparten un mismo propósito.

★★★★★

Samuel Chase fue el único Juez de la Corte Suprema en ser sometido a juicio político. Sin embargo, los cargos tenían connotación política y fueron rechazados en el Senado en 1805.

★★★★★

Cada período de sesiones de la Corte Suprema comienza el primer lunes de octubre y se extiende hasta fines de junio o principios de julio. El período se divide entre "sesiones" para escuchar casos y entregar opiniones y "recesos" intercalados para la consideración de materias ante la Corte y redactar opiniones. Las sesiones y los recesos se alternan aproximadamente cada dos semanas.

★★★★★

George Washington nombró la mayor cantidad de Jueces de la Corte Suprema (11). Sólo Franklin D. Roosevelt se le acerca, con 9 nombramientos.

★★★★★

El Presidente de la Corte Suprema Salmon P. Chase fue el único Juez Supremo en aparecer en un billete estadounidense. Aparecía en el billete de $10,000, que ya no se emite.

★★★★★

William H. Taft fue el único Presidente de la nación que también fue Juez de la Corte Suprema.

★★★★★

El juez Byron ("Whizzer") White es el único juez supremo en formar parte del Salón de la Fama del Fútbol Estadounidense.

★★★★★

El juez más joven nombrado a la Corte Suprema fue Joseph Story (32). El juez supremo en actividad de mayor edad fue Oliver Wendell Holmes, quien desempeñó su cargo hasta los 90 años de edad.

★★★★★

De todos los presidentes que no fueron reelectos, Taft nombró la mayor cantidad de jueces supremos (6).

UN CASO DE LA CORTE SUPREMA: CÓMO SE DESARROLLA

CÓMO LLEGA A LA CORTE

Salvo contadas excepciones, la vida de un caso de la Corte Suprema comienza cuando concluye un caso en un tribunal inferior, debido a que la Corte Suprema es principalmente una corte de apelaciones. La parte que perdió el juicio en un tribunal inferior puede solicitar el ingreso al calendario de la corte. Luego los jueces supremos deciden si escucharán el caso, siempre que consideren que puede arrojar nueva luz sobre una materia de ley constitucional. La Corte atiende unos 100 de los 7,000 casos que compiten por un lugar en su calendario cada año.

PREPARACIÓN PARA LA AUDIENCIA

Una vez que la corte acepta escuchar el caso, los abogados de ambas partes en litigio deben presentar sus argumentos por escrito. Por lo general, cada juez escoge a un secretario para que revise los argumentos y prepare un memorando con un resumen de las materias que presenta el caso. Se les indica a los abogados de ambos lados la fecha en que deberán presentar sus argumentos en forma oral. Poco antes de la presentación oral de los argumentos, los jueces revisan los memorandos para conocer de antemano los planteamientos y teorías de las partes.

DENTRO DEL TRIBUNAL

Cada parte litigante tiene media hora para presentar sus argumentos en forma oral, incluyendo preguntas de los jueces. Los jueces se sientan por orden de antigüedad, con el Presidente de la Corte en el centro. El siguiente juez de mayor antigüedad se sienta a su derecha. El siguiente a su izquierda y así sucesivamente en forma alternada. Los jueces a menudo le hacen preguntas a los abogados durante la presentación de sus argumentos.

LA DECISIÓN

Tras las presentaciones orales, los nueve jueces discuten el caso entre ellos. Revisan cada caso con sus secretarios (que son abogados recién egresados) y establecen una intención inicial de voto. Algunos días después, los jueces se reúnen en una sala de conferencias y emiten sus votos. El juez de mayor antigüedad del lado ganador le asigna a un juez la tarea de redactar la opinión de la mayoría. Dicho juez por lo general le solicita a un secretario que prepare un borrador de la opinión. Normalmente el juez escoge al secretario que preparó el memorando antes de las presentaciones orales. El juez se basará en dicho memorando para escribir su opinión. Luego los miembros de la mayoría revisan la opinión para sugerir modificaciones. Algunas opiniones se modifican una docena de veces antes de ser anunciadas. Cuando cada miembro de la mayoría firma la opinión, está lista para publicarse. Desde el estrado, el autor de la opinión de la mayoría hará un resumen de la decisión. Desde ese momento, el caso se incorpora para siempre a la doctrina de la ley constitucional.

"Hay tranquilidad allí, pero es la tranquilidad del centro de una tormenta".

—JUEZ SUPREMO OLIVER WENDELL
HOLMES, REFIRIÉNDOSE A LA CORTE
SUPREMA

"La capacidad del hombre para hacer justicia permite que la democracia sea posible, pero es la inclinación del hombre hacia la injusticia la que hace que la democracia sea necesaria".

—REINHOLD NIEBUHR

VEINTE CASOS HISTÓRICOS
DE LA CORTE SUPREMA

Marbury contra Madison, 1803
"Toda ley contraria a la Constitución es nula".

Con estas palabras, el Presidente de la Corte Suprema John Marshall estableció el rol de la Corte Suprema en el nuevo gobierno. De allí en adelante, se consideró que la Corte Suprema tenía la facultad de revisar todos los actos del Congreso en los que estaba en duda la constitucionalidad y determinar si estaban o no de acuerdo con la Constitución.

McCulloch contra Maryland, 1819
"Si el fin es legítimo... y todos los medios son... coherentes con la letra y el espíritu de la Constitución, son constitucionales".

El Presidente de la Corte Suprema Marshall invocó esta frase para establecer el derecho del Congreso a aprobar leyes que sean "necesarias y correctas" para el cumplimiento de los deberes del gobierno de los Estados Unidos. En este caso, la Corte sostuvo el poder del Congreso de crear un banco nacional.

Gibbons contra Ogden, 1824
Cuando una ley federal y una estatal están en conflicto, la ley federal tiene supremacía.

Tanto el Congreso como Nueva York habían aprobado leyes que regulaban la industria de los barcos a vapor. Gibbons tenía un permiso federal para una empresa de barcos a vapor y Ogden tenía un permiso estatal para las mismas aguas. Tomando partido con Gibbons, la Corte dijo que en materias de comercio interestatal la "Cláusula de Supremacía" inclina la balanza del poder en favor de las leyes federales.

Dred Scott contra Sandford, 1857
La Constitución no considera a los esclavos como ciudadanos estadounidenses. Por el contrario, son propiedad constitucionalmente protegida de sus dueños.

El Presidente de la Corte Suprema Roger Taney redactó esta opinión, una de las más importantes y despreciadas en la historia de la nación. Dred Scott, un esclavo, se había trasladado con su dueño a Illinois, un estado antiesclavista. Luego volvió a trasladarse a un estado esclavista, Missouri, y presentó una demanda para obtener su libertad, basándose en la ley del estado "Una vez libre, siempre libre". Taney sostuvo que Scott nunca había sido realmente libre, y citó fundamentos constitucionales para colocar la decisión de la esclavitud en manos de los estados. En vez de poner fin a la controversia de la esclavitud, Taney precipitó a la nación hacia la guerra civil. La decisión fue revocada por la Decimotercera Enmienda.

Plessy contra Ferguson, 1896

Las leyes de Jim Crow son constitucionales según la doctrina de "Separados pero iguales".

La Policía arrestó a Homer Plessy por negarse a bajar de un carro de ferrocarril exclusivo para personas blancas. Según las leyes de Louisiana, Plessy era "de color" porque un octavo de su sangre era de raza negra. La Corte dictaminó que las leyes de "Jim Crow" basadas en la raza no infringían la Constitución siempre que los estados ofrecieran un trato separado pero igualitario.

> *"La Constitución no distingue colores y tampoco conoce ni tolera las clases entre los ciudadanos".*
>
> —JUEZ SUPREMO JOHN MARSHALL
> HARLAN, LA ÚNICA OPINIÓN DISIDENTE
> EN *PLESSY CONTRA FERGUSON*

Lochner contra Nueva York, 1905

La Constitución impide que un estado interfiera con el derecho de los empleados a ser contratados por un empleador.

El razonamiento anterior llevó a la "Era de Lochner", treinta y dos años de forcejeo entre la Corte y las legislaturas. La panadería de Lochner infringía una ley laboral de Nueva York. La Corte desautorizó la ley, aduciendo que la cláusula sobre debido proceso de la Decimocuarta Enmienda impedía que los estados regularan el comercio de esa manera. Esta cláusula, dijo la Corte, implicaba que las personas tienen el derecho fundamental de establecer contratos con empleadores y que los estados no podían interferir con dicho derecho.

Near contra Minnesota, 1931

"La libertad de prensa... no puede ser intervenida por acciones estatales".

Aunque la Primera Enmienda garantiza la libertad de prensa, hasta este caso, sólo la protegía contra leyes federales, no estatales. Minnesota clausuró el periódico *Saturday Press* de J. M. Near por publicar virulentos comentarios antisemitas y racistas. En lo que se considera la decisión emblemática sobre la libertad de prensa, la Corte dictó que un estado no puede ejercer la "censura previa"; esto significa que, con raras excepciones, no puede impedir que una persona publique o exprese una opinión.

West Coast Hotel contra Parrish, 1937

"El giro oportuno que salvó a nueve".

F. D. R. insistió en contra de los postulados de la Corte en la era Lochner. La Corte desautorizó leyes del Nuevo Pacto diseñadas a sacar al país de la Depresión, aduciendo que interferían con el "derecho a ser contratado" de los trabajadores. F. D. R. juró ampliar la Corte Suprema y saturarla con miembros proclives al "Nuevo Pacto". Ante tal situación, la Corte rechazó las decisiones de la era Lochner y sentenció que el gobierno podía regular el comercio.

Brown contra la Junta de Educación, 1954

"En el campo de la educación pública, el precepto de 'separados pero iguales' no tiene cabida".

Esta decisión unánime marcó el comienzo del fin de la era "Separados pero iguales" que se inició con Plessy, y el inicio de una nueva época en las relaciones interraciales en Estados Unidos. Con el caso Brown, comenzó la integración de las escuelas públicas, así como también la resistencia al cambio. Diez álgidos años más tarde, la Ley de Derechos Civiles de 1964 estableció la igualdad racial como un asunto federal.

Mapp contra Ohio, 1961

La evidencia que el estado obtiene en forma ilegal no puede usarse en contra de un acusado en los tribunales.

Hasta Mapp, sólo el gobierno federal estaba impedido de usar evidencia obtenida en forma ilegal. Por ello, cuando la policía local allanó el domicilio de Dolly Mapp sin una orden de registro y la arrestó por poseer libros obscenos, su sentencia fue confirmada en primera instancia. Sin embargo, la Corte Suprema revocó su sentencia y extendió la regla constitucional para que se aplicara a los estados y sus subdivisiones.

> *"La reconozco cuando la veo".*
>
> —DEFINICIÓN DE OBSCENIDAD DEL
> JUEZ SUPREMO POTTER STEWART EN
> *JACOBELLIS CONTRA OHIO*, 1964

Baker contra Carr, 1962

"Una persona, un voto".

La frase anterior no se pronunció sino hasta un año después del caso Baker, pero tiene sus raíces filosóficas en dicho caso. En este caso, un grupo de votantes de Tennessee demandó al estado aduciendo que sus distritos electorales diluían su poder político. Hasta este momento, la Corte se había rehusado a dirimir este tipo de casos dejando tales "decisiones políticas" en mano de los estados. La decisión del caso Baker, sin embargo, sostuvo que los estados debían cumplir las normas Constitucionales para los nombramientos: no pueden establecerse distritos de forma tal que se infrinja la cláusula sobre Igualdad de Protección de la Decimocuarta Enmienda.

Gideon contra Wainwright, 1963

Los acusados en casos penales tienen el derecho absoluto de contar con asesoría legal.

Demasiado pobre para contratar los servicios de un abogado, Clarence Earl Gideon fue condenado por ingresar a la fuerza a un salón de pool, un delito mayor en el estado de Florida. Apeló a la Corte Suprema, la que determinó que el gobierno debe proporcionar asesoría legal en forma gratuita a los acusados que no pueden costearla por sí mismos. Al principio la regla se aplicó solamente a los delitos mayores. Luego se amplió para cualquier caso en se arriesgue una pena de encarcelamiento por seis meses o más.

New York Times Co. contra Sullivan, 1964
Para ganar un caso de difamación, los personeros públicos deben probar que hubo "intención delictuosa" por parte del autor.

En 1964, el Times publicó un anuncio criticando a un comisionado de una ciudad de Alabama. El comisionado demandó al periódico por difamación y ganó. La Corte Suprema revocó el fallo y dijo que, para garantizar un debate "desinhibido, robusto y amplio" sobre los personeros públicos, la ley debe proteger a los autores contra las demandas por difamación. Por lo tanto, a menos que las opiniones sean escritas con "conocimiento de su falsedad" o con un "irresponsable desdén por la verdad", un personero público no puede ganar una demanda por difamación contra un autor.

Griswold contra Connecticut, 1965
La Constitución implica el derecho a la privacidad en materias de contracepción entre personas casadas.

Estelle Griswold, la directora de una clínica de paternidad planificada, infringió una ley de Connecticut, promulgada en 1879, que prohibía la contracepción. La Corte desautorizó la ley, estableciendo el precedente de que la Constitución debe interpretarse en el sentido que protege la privacidad de las personas. Esta fue la base de otras sentencias sobre la privacidad, incluyendo el derecho a la privacidad en materias de aborto.

Miranda contra Arizona, 1966
"Tiene derecho a permanecer callado..."

Tras ser interrogado por la policía, Ernesto Miranda confesó haber raptado y violado a una mujer. La Corte desautorizó su sentencia indicando que no se le había informado sobre su derecho a no autoincriminarse establecido en la Quinta Enmienda. De allí en adelante, las advertencias de Miranda se han transformado en parte estándar de los procedimientos de arresto.

Distrito Escolar Independiente de San Antonio contra Rodriguez, 1973

La Constitución no garantiza un derecho fundamental a la educación.

En 1968, un grupo de padres de bajos ingresos demandó a San Antonio aduciendo que los distritos más acaudalados de la ciudad tenían mejores escuelas. La Corte apoyó el plan de distritos indicando que la Constitución no garantizaba la educación y sostuvo este principio: La Constitución no compele al gobierno a proporcionar servicios como educación o beneficencia a las personas. Por el contrario, establece límites a la acción del gobierno.

Roe contra Wade, 1973

El derecho constitucionalmente implícito a la privacidad protege la opción de la mujer en materias de aborto.

Norma McCorvey procuró abortar en Texas, pero las leyes estatales se lo prohibieron. La Corte desautorizó la ley declarando que restringía inconstitucionalmente el derecho de las mujeres a escoger. La opinión establecía pautas para la regulación estatal de los abortos; los estados podían restringir el derecho de una mujer a escoger sólo en las etapas más avanzadas del embarazo. Modificada, pero nunca revocada, la decisión es una de las más controvertidas de la Corte.

Estados Unidos contra Nixon, 1974

"Ni la separación de poderes, ni la necesidad de confidencialidad pueden justificar una inmunidad presidencial indebida frente a los procesos judiciales".

El Presidente Nixon buscó precisamente este tipo de inmunidad para no tener que entregar las famosas cintas de la Casa Blanca en el escándalo de Watergate. La Corte rechazó en forma unánime su solicitud como un abuso de poder inconstitucional. La Cámara de Representantes comenzó el proceso de juicio político al poco tiempo y dos semanas después del dictamen, Nixon renunció.

Texas contra Johnson, 1989

La Constitución protege la profanación de la bandera como una forma simbólica de expresar una opinión.

Johnson quemó una bandera en frente de un edificio en Dallas en 1984. Fue condenado por infringir una ley de Texas que prohibía la quema intencional de una bandera nacional o estatal. El Juez Brennan redactó el fallo, con una mayoría de 5 contra 4, que decía: "El gobierno no puede prohibir la expresión de una idea porque la sociedad considere que dicha idea sea ofensiva o desagradable".

Cruzan contra el Departamento de Salud de Missouri, 1990

Aunque la Constitución protege el derecho de una persona a rechazar tratamiento médico para prolongar la vida (el "derecho a morir"), los estados pueden regular dicho interés si la regulación es razonable.

Nancy Cruzan estaba en un estado vegetal permanente debido a lesiones sufridas en un accidente automovilístico. Sus padres deseaban descontinuar el tratamiento de apoyo vital y dejarla morir afirmando que ella había dicho que esa habría sido su voluntad en tales circunstancias. El estado se negó a hacerlo y la Corte Suprema avaló las pautas del estado para la continuación de tratamiento médico, que permitían el cese del tratamiento sólo ante evidencia clara y convincente de que eso es lo que el paciente hubiera deseado. La Corte afirmó que, dada la necesidad de protección contra abusos en tales situaciones, el estado puede continuar el apoyo vital durante todo el tiempo que sus normas para ello sean razonables.

JUECES DE LA CORTE SUPREMA

el asterisco indica los presidentes de la Corte Suprema

John Jay* (1789-95)

John Rutledge* (1790-91; 1795)

William Cushing (1790-1810)

James Wilson (1789-98)

John Blair, Jr. (1790-96)

James Iredell (1790-99)

Thomas Johnson (1792-93)

William Paterson (1793-1806)

Samuel Chase (1796-1811)

Olliver Ellsworth* (1796-1800)

Bushrod Washington
(1799-1829)

Alfred Moore (1800-1804)

John Marshall* (1801-35)

William Johnson (1804-34)

Henry B. Livingston (1807-23)

Thomas Todd (1807-26)

Gabriel Duvall (1811-35)

Joseph Story (1812-45)

Smith Thompson (1823-43)

Robert Trimble (1826-28)

John McLean (1830-61)

Henry Baldwin (1830-44)

James Moore Wayne (1835-67)

Roger B. Taney* (1836-64)

Philip P. Barbour (1836-41)

John Catron (1837-65)

John McKinley (1838-52)

Peter Vivian Daniel (1842-60)

Samuel Nelson (1845-72)

Levi Woodbury (1845-51)

Robert C. Grier (1846-70)

Benjamin R. Curtis (1851-57)

John A. Campbell (1853-61)

Nathan Clifford (1858-81)

Noah Haynes Swayne (1862-81)

Samuel F. Miller (1862-90)

David Davis (1862-77)

Stephen J. Field (1863-97)

Salmon P. Chase* (1864-73)

William Strong (1870-80)

Joseph P. Bradley (1870-92)

Ward Hunt (1873-82)

Morrison R. Waite* (1874-88)

John M. Harlan (1877-1911)

William B. Woods (1881-87)

Stanley Matthews (1881-89)

Horace Gray (1882-1902)

Samuel Blatchford (1882-93)

Lucius Q.C. Lamar (1883-93)

Melville W. Fuller* (1888-1910)

David J. Brewer (1890-1910)

Henry B. Brown (1891-1906)

George Shiras, Jr. (1892-1903)

Howell E. Jackson (1893-95)

Edward D. White* (1894-1921)

Rufus W. Peckham (1896-1909)

Joseph McKenna (1898-1925)

Oliver W. Holmes (1902-32)

William Rufus Day (1903-22)

William H. Moody (1906-10)

Horace H. Lurton (1910-14)

Charles E. Hughes* (1910-16)

Charles E. Hughes* (1930-41)

Willis Van Devanter (1911-37)

Joseph R. Lamar (1911-16)

Mahlon Pitney (1912-22)

James C. McReynolds (1914-41)

Louis D. Brandeis (1916-39)

John H. Clarke (1916-22)

William H. Taft* (1921-30)

George Sutherland (1922-38)

Pierce Butler (1923-39)
Edward T. Sanford (1923-30)
Harlan Fiske Stone* (1925-46)
Owen J. Roberts (1930-45)
Benjamin N. Cardozo (1932-38)
Hugo L. Black (1937-71)
Stanley F. Reed (1938-57)
Felix Frankfurter (1939-62)
William O. Douglas (1939-75)
Frank Murphy (1940-49)
James F. Byrnes (1941-42)
Robert H. Jackson (1941-54)
Wiley B. Rutledge (1943-49)
Harold H. Burton (1945-58)
Fred M. Vinson* (1946-53)
Tom C. Clark (1949-67)
Sherman Minton (1949-56)
Earl Warren* (1953-69)
John M. Harlan (1955-71)
William J. Brennan, Jr. (1956-90)
Charles E. Whittaker (1957-62)

Potter Stewart (1958-81)
Byron R. White (1962-93)
Arthur J. Goldberg (1962-65)
Abe Fortas (1965-69)
Thurgood Marshall (1967-91)
Warren E. Burger* (1969-86)
Harry A. Blackmun (1970-94)
Lewis F. Powell, Jr. (1972-87)
William H. Rehnquist*
   (1972-2005)
John Paul Stevens (1975-)
Sandra Day O'Connor
   (1981-2006)
Antonin Scalia (1986-)
Anthony M. Kennedy (1988-)
David Souter (1990-)
Clarence Thomas (1991-)
Ruth Bader Ginsburg (1993-)
Stephen G. Breyer (1994-)
John G. Roberts, Jr.* (2005-)
Samuel A. Alito, Jr. (2006-)

Para obtener mayor información, incluyendo una lista actualizada de los Jueces de la Corte Suprema, visite el sitio web **www.supremecourtus.gov.**

"Es enfáticamente el ámbito y el deber del poder judicial... indicar qué es la ley. Nunca debemos olvidar que estamos interpretando una constitución... creada con la intención de perdurar en el tiempo, y que por consiguiente, debe adaptarse a las diversas crisis de los asuntos humanos".

—PRESIDENTE DE LA CORTE SUPREMA
JOHN MARSHALL

ÍNDICE DE LA CONSTITUCIÓN DE LOS ESTADOS UNIDOS Y SUS ENMIENDAS

93

95